GABRIELA LUXO

ENTRE O CONTROLE E O CAOS

Presidente do conselho:
Maurício Sita

Presidente:
Alessandra Ksenhuck

Vice-presidentes:
Cláudia Pires e Julyana Rosa

Diretora de projetos:
Gleide Santos

Consultora de projetos:
Daiane Almeida

Coordenadora editorial:
Amanda Moura

Assistentes editoriais:
Júlia Almeida e Lui Navarro

Capa:
Marco Antonio Alves de Carvalho Junior

Projeto gráfico e diagramação:
Gabriel Uchima

Revisão:
Ivani Rezende e Fernanda Felix

Impressão:
Gráfica Paym

Dados Internacionais de Catalogação na Publicação (CIP)
(eDOC BRASIL, Belo Horizonte/MG)

L977e

Luxo, Gabriela.
Entre o controle e o caos / Gabriela Luxo. – São Paulo, SP: Literare Books International, 2024.
208 p. : 16 x 23 cm

ISBN 978-65-5922-857-7

1. Autoconhecimento. 2. Desenvolvimento pessoal. 3. Técnicas de autoajuda. I. Título.

CDD 158.1

Elaborado por Maurício Amormino Júnior – CRB6/2422

Literare Books International.
Alameda dos Guatás, 102 – Saúde – São Paulo, SP.
CEP 04053-040
Fone: +55 (0**11) 2659-0968
site: www.literarebooks.com.br
e-mail: literare@literarebooks.com.br

FSC
www.fsc.org
MISTO
Papel produzido a partir de fontes responsáveis
FSC® C133282

SUMÁRIO

INTRODUÇÃO

Eu sempre atuei como psicóloga clínica e ao longo dos anos fui notando algo muito característico na fala dos meus pacientes, independentemente da faixa etária e da queixa de cada um; todos relatavam certa dificuldade quando sentiam que algo saía do controle. Percebi que tal incômodo era muito comum, porém pouco discutido, pois acabavam focando mais em outras dificuldades, e esse aspecto ficava enrustido e pouco destrinchado no processo de psicoterapia. Comecei a estudar sobre o assunto e trabalhei incansavelmente para entender por qual motivo tantas pessoas não conseguiam prosperar quando se sentiam sem o controle da situação.

Em muitos momentos, desejamos controlar tudo. Desde a cor da roupa que vamos usar em um determinado evento até como gostaríamos de ser tratados amorosamente. Isso é natural e esperado no dia a dia de qualquer pessoa, mas como você lida com situações que saem completamente fora do esperado? A sensação de não ter controle sobre todos os aspectos da vida é uma realidade com a qual muitos de nós nos deparamos. A vida, por sua própria natureza, é incerta e imprevisível. Por mais que tentemos planejar, organizar e antecipar cada detalhe, sempre haverá variáveis que fogem ao nosso controle. A dificuldade em aceitar essa realidade muitas vezes está enraizada na nossa busca incessante por segurança e estabilidade.

Em meio às vicissitudes da vida, muitos se veem mergulhados em uma sensação avassaladora de vulnerabilidade quando confrontados com a falta de controle sobre os desafios que surgem. Essa vulnerabilidade é como uma sombra inquietante, pairando sobre cada decisão e cada passo dado, sussurrando incessantemente sobre a incerteza e a impotência perante as circunstâncias imprevisíveis. Para alguns, a mera ideia de não ter controle total sobre os eventos que moldam suas vidas é suficiente para desencadear grande desconforto. Essas pessoas anseiam por um senso de segurança e estabilidade, e a percepção de que suas vidas estão à mercê das forças externas é profundamente perturbadora. A falta de controle pode deixá-las sentindo-se à deriva em um mar de incertezas, incapazes de prever ou influenciar o curso dos acontecimentos.

O sentimento de vulnerabilidade diante da falta de controle pode se manifestar de várias maneiras. Pode levar à procrastinação e à inação, pois a pessoa se sente paralisada pela sensação de impotência e do medo. Pode desencadear comportamentos compulsivos de busca por controle, levando a um ciclo vicioso de tentativas fracassadas de manipular o ambiente para evitar qualquer possibilidade de surpresa ou adversidade. Além disso, pode resultar em um estado constante de alerta, com a mente sempre preocupada com os possíveis desdobramentos negativos de situações fora do seu domínio. Esse sentimento de vulnerabilidade pode ser potencializado por experiências passadas de trauma ou adversidade, que deixaram cicatrizes emocionais profundas e reforçaram a crença de que o mundo é um lugar perigoso e imprevisível. A falta de controle pode evocar memórias dolorosas desses eventos passados, reforçando ainda mais a sensação de vulnerabilidade e desamparo.

No entanto, é importante reconhecer que a vulnerabilidade não é uma fraqueza, mas sim uma parte fundamental da experiência humana. Todos nós, em algum momento de nossas vidas, nos deparamos com situações que fogem ao nosso controle e nos obrigam a enfrentar nossa própria suscetibilidade. Aceitar e aprender a gerenciar de maneira saudável é fundamental para o desenvolvimento pessoal e a saúde emocional. Em vez de tentar controlar tudo ao seu redor, é importante aprender a aceitar a incerteza como uma parte inevitável da vida. Isso não significa desistir do controle total, mas sim reconhecer os limites do que podemos influenciar e aprender a focar nossa energia naquilo que realmente está ao nosso alcance. Ao cultivar uma maior resiliência emocional e desenvolver estratégias eficazes de enfrentamento, podemos aprender a navegar pelas águas turbulentas da vida com mais graça e equanimidade, mesmo quando nos sentimos vulneráveis diante da falta de controle.

Pude perceber, ao longo dos anos como psicóloga clínica, o quanto as pessoas lutam contra o descontrole sem nunca dizerem nada a ninguém. Elas vão mascarando a angústia e se concentram em atender às expectativas alheias. Muitas fazem isso por anos até começarem o processo de psicoterapia. Elas vão se deixando levar pela ideia das pessoas ao redor de que ter controle das coisas seria como um objeto a ser adquirido: ou você tem ou você não tem. Lidar com o novo sempre é difícil, mudar padrões já preestabelecidos é mais desafiador ainda, mas é possível encarar a vida conforme ela é, ou seja, cheia de altos e baixos e, ainda por cima, ser feliz.

Assim como você, eu também já tive os meus momentos obscuros e senti na pele o que era encarar a incerteza. Foi difícil e desesperador, porém, ao renunciar ao domínio sobre aquilo que nunca esteve verdadeiramente em minhas mãos, reconquistei o controle sobre o único domínio que é genuinamente meu: meus pensamentos, meus sentimentos, minhas ações e a forma como opto por interpretar e lidar com as experiências que o mundo me apresenta. Com coragem busquei experimentar e conhecer novas perspectivas. Valorizei detalhes que antes pareciam corriqueiros e encarei desafios sem medo dos obstáculos. Diante das várias pedras em meus passos, eu não desisti, pois dentro de mim habita uma incrível vontade de viver.

Aprendi demais, li muito, estudei, me fechei e me encontrei. Estudei bastante, e no meio desse estudo nasceu este livro que está em suas mãos. Espero compartilhar com você um pouco da minha força e conhecimento. Desejo que você saiba lutar no meio do caos. Eu acredito em você. E você? Acredita em você? Essa leitura é direcionada para quem quer sair do meio de alguma situação difícil, mas está com medo e não sabe como fazer isso. Permita-me te guiar.

O livro é estruturado em capítulos independentes que retratam os pensamentos rotineiros de uma pessoa que se sente sem direcionamento. Com uma narrativa envolvente, ele visa não apenas informar, mas também inspirar e guiar os leitores através de seus próprios processos de autoconhecimento e mudança. Aborda profundamente os desafios de lidar com o controle e o descontrole em várias facetas da vida adulta, explorando temáticas emocionais com uma abordagem prática e reflexiva. Ao final, você encontrará relatos inspiradores que reforçam a crença de que tudo é possível, além de perguntas e respostas para ajudá-lo a destrinchar o caos.

CAPÍTULO 1

COMO REDEFINIR A MINHA REALIDADE ATUAL?

O poder transformador da rotina

De repente você acorda, olha para o lado e nota que é somente você com você mesmo. De uma hora para outra você precisa ser forte para encarar esse momento inesperado. É provável que você não se sinta pronto para isso, mas raramente vamos ter respostas para os questionamentos que a vida nos impõe. Bom seria se pudéssemos aprender e evoluir sem sofrer, mas, infelizmente ou felizmente, não é assim que acontece. Existem dias que parecem não ter fim, desafiadores e aterrorizantes que nos colocam frente ao desconhecido. São nesses momentos que questionamos o sentido da vida e por qual motivo estamos passando por tudo isso. É desafiador, eu sei, mas precisamos nos despedir de algumas histórias que não fazem mais parte do nosso dia a dia, com isso também nos despedimos de partes de nós que não serão mais as mesmas.

Quando não estamos bem ou sentimos o tal descontrole, fugimos do básico. Acabamos iniciando um ciclo de pequenas recompensas diárias para nos deixar bem. Cuidado, isso pode ser uma cilada. É aquele dia em que você bebe um pouco a mais para esquecer dos problemas ou o dia em que você não pratica algum exercício físico por estar muito “cansado” e não merecer mais sofrimento, ou aquela compra supérflua para preencher um vazio que nem você sabe qual é, ou até mesmo aquela dieta que você adia a cada dia, afinal de contas, você não quer sofrer, sente que tudo está perdido e fora do controle! São essas pequenas premiações que te tiram de uma rotina saudável e, consequentemente, te descontrolam ainda mais. Vamos começar pelo básico!

Imagine-se caminhando em uma cidade tranquila, onde cada rua é alinhada com árvores vistosas e cada esquina revela um novo aspecto de um estilo de vida equilibrado. Essa cidade é um reflexo do seu próprio mundo interior, onde você é guiado sutilmente por sinais que o ajudam a reequilibrar os pilares fundamentais da sua vida: exercício físico, qualidade de sono, alimentação, rotina e vida social.

À medida que você começa seu passeio pela manhã, o primeiro sinal que encontra é uma bela trilha para caminhada que serpenteia ao longo de um rio calmo. Uma placa sugere: “Comece o dia movimentando-se; seu corpo e mente agradecerão”. Inspirado, você segue o caminho, sentindo como seu corpo desperta com cada passo, reacendendo seu compromisso com o exercício físico regular.

Continuando sua jornada, você passa por uma livraria-café encantadora, com uma placa na entrada que diz: “Pausa para Inspirar”. Dentro, o ambiente é convidativo e tranquilo, com prateleiras cheias de livros e o aroma suave de café recém-moído, um lembrete perfeito de que pausas são essenciais para revitalizar a mente. Você decide parar e pedir um café artesanal, aproveitando para folhear um livro sobre poesia e meditação, refletindo sobre como poderia enriquecer sua rotina noturna para um sono mais profundo e restaurador.

Ao sair, você nota um pequeno mercado de agricultores com uma variedade de frutas e legumes frescos. Um cartaz à entrada diz: "Alimente-se bem para viver bem". Isso o motiva a escolher ingredientes frescos e nutritivos, imaginando as refeições equilibradas que pode preparar, reforçando a importância de uma alimentação de qualidade.

Mais adiante, você encontra uma praça onde as pessoas se reúnem, algumas lendo, outras conversando animadamente. Uma placa diz: "Conexões enriquecem a vida". Isso o lembra do valor da interação social e da comunidade. Você se junta a um grupo, participando da conversa, e sente a alegria e o suporte que uma vida social ativa pode oferecer.

Por fim, ao retornar para casa, você reflete sobre como cada sinal ao longo do caminho o ajudou a pensar sobre sua rotina diária. A cidade, com suas placas e trilhas, simboliza a possibilidade de viver uma vida intencionalmente equilibrada, onde ajustes pequenos, mas significativos, podem melhorar profundamente seu bem-estar geral. Cada passo nesta cidade imaginária lhe ofereceu possibilidades de reflexão e inspiração para reestabelecer os pilares da sua vida, mostrando que mesmo pequenas mudanças, quando somadas, podem levar a uma vida plena e equilibrada. Este passeio metafórico serve como um lembrete de que você possui o mapa e as ferramentas para construir e manter uma fundação sólida para sua saúde e bem-estar.

A importância do exercício físico na vida do adulto é um pilar fundamental para a promoção da saúde e do bem-estar. Com o dia a dia corrido e as responsabilidades profissionais e familiares acabamos deixando a prática de atividades físicas em segundo plano. No entanto, é crucial reconhecer e valorizar os inúmeros benefícios que a atividade física regular oferece para a saúde física e mental.

O exercício físico, quando incorporado como parte integrante da rotina diária, contribui para a manutenção de um peso saudável e para a prevenção de uma série de doenças crônicas. Aumenta a clareza mental, melhora a concentração e promove um sono mais reparador, fatores essenciais para enfrentar os desafios cotidianos com resiliência. Além dos benefícios físicos e mentais, o exercício físico é uma ferramenta poderosa para a promoção da sociabilidade e da interação social na vida adulta. Participar de atividades físicas em grupo, esportes ou caminhadas, não apenas proporciona oportunidades para a construção de novas amizades, mas também fortalece os laços sociais já existentes.

A qualidade do sono emerge como um alicerce crucial para um dia a dia saudável. Em meio às complexidades e demandas da vida cotidiana, muitas vezes subestimamos a influência transformadora que uma boa noite de sono pode exercer sobre nosso corpo e mente. Dormir não é meramente um estado de inconsciência temporária; é um processo vital de restauração e renovação. A conexão entre a qualidade do sono e a saúde física é inegável, sublinhando a necessidade de priorizar esse aspecto fundamental da rotina diária.

A importância da alimentação saudável ultrapassa a mera satisfação do paladar e pode ser considerado outro pilar fundamental para quem busca qualidade de vida. À medida que enfrentamos as complexidades da vida, a escolha dos alimentos que compõem nossa dieta assume um papel central na manutenção de um corpo forte e resiliente. A alimentação saudável não é apenas uma questão de controle de peso; é um investimento valioso na prevenção de uma miríade de condições de saúde. A atenção à porção, a apreciação dos sabores naturais dos alimentos e a moderação no consumo de alimentos processados contribuem para uma relação mais equilibrada com a comida. Portanto, a importância da alimentação saudável é inegável. É um compromisso consigo mesmo, um ato diário que reverbera em todas as esferas da existência.

A rotina confere uma sensação de previsibilidade e controle sobre as circunstâncias. No caos diário, ela se torna uma âncora, proporcionando uma estrutura que permite enfrentar as demandas profissionais, familiares e pessoais de maneira mais ordenada e eficiente. Ela serve como um guia, delineando o fluxo do dia e oferecendo uma direção clara para as atividades. Além disso, a rotina contribui para a gestão do tempo. Em uma vida marcada por agendas lotadas, prazos e compromissos, uma rotina bem estabelecida ajuda a priorizar tarefas, evitando a sensação de sobrecarga. A distribuição equitativa do tempo entre trabalho, lazer, descanso e atividades pessoais torna-se uma peça fundamental para um estilo de vida equilibrado. A consistência na rotina também desempenha um papel crucial na promoção da saúde mental.

Quando eu cito a importância da rotina algumas pessoas torcem o nariz e ficam preocupadas se terão uma vida limitada e sem graça, mas, pelo contrário, as regras nos acalmam e nos dão direcionamento do que está por vir, consequentemente, diminui a nossa fonte de estresse, afinal, ficamos mais seguros quando sabemos o que esperam da nossa conduta e postura. Eu sugiro que você pegue uma folha sulfite e anote todos os seus afazeres, visualizar tudo em um mesmo espaço te ajudará a priorizar quais atividades e compromissos merecem prioridade no seu dia a dia. Na sequência, divida os dias da semana e horários e verifique se todas as programações que você deseja são viáveis no seu estilo de vida e formato familiar.

Não ultrapasse os seus limites, não há necessidade de fazer cinco modalidades esportivas e/ou aprender cinco idiomas ao mesmo tempo. Comece aos poucos, um passo de cada vez permitirá que você consiga manter o plano inicial. É importante destacar que o objetivo principal de uma agenda, por exemplo, vai muito além de um espaço para anotar lembretes e tarefas do dia a dia e do trabalho. Ela é uma ferramenta essencial para o planejamento mental de nossas obrigações. Ao utilizá-la, podemos criar uma projeção e estabelecer uma previsibilidade para nossas atividades. Essas práticas não só organizam nossa rotina, mas também promovem sentimentos positivos e, consequentemente, aumentam nosso bem-estar.

Na jornada complexa da vida adulta, onde as responsabilidades e desafios muitas vezes ocupam o centro do palco, a conexão com outros indivíduos emerge como um fator crucial para a saúde mental, emocional e até mesmo física. O contato social vai além da simples interação superficial; é a essência das relações humanas que contribuem para o tecido da existência. Relacionamentos significativos fornecem um suporte emocional vital, oferecendo um espaço seguro para compartilhar experiências, desafios e alegrias. A troca de ideias, sentimentos e perspectivas enriquece a vivência do adulto, proporcionando uma compreensão mais profunda de si mesmo e dos outros. A solidão pode ter impactos significativos na saúde mental. O contato social funciona como um antídoto poderoso contra o isolamento emocional. As conversas profundas e significativas nutrem a mente, proporcionando um terreno fértil para o crescimento pessoal e a expansão do horizonte de conhecimento.

CAPÍTULO 2

SERÁ QUE EU SOU CAPAZ DE LIDAR COM TUDO ISSO?

Otimismo é fundamental

Em muitos momentos somos dominados por uma voz crítica interior, praticamente um monólogo. São aquelas frases que ouvimos ao longo da nossa infância e que, na maioria das vezes, ficam enraizadas e aparecem quando estamos mais vulneráveis. Por exemplo: "você não vai ser ninguém na vida"; "se você for chato, ninguém vai gostar de você"; "você nunca consegue nada". Essas frases ressoam na vida adulta em vários formatos e momentos: "nunca consigo ser bom, é melhor eu desistir"; "não consigo confiar em ninguém"; "sou incapaz, nunca vou conseguir me destacar em nada"; "ninguém gosta de mim". São as nossas experiências da infância que nos transformam em adultos, então eu te convido a prestar atenção nesses momentos em que essas frases aparecem nos seus pensamentos. Com qual frequência elas ocorrem? Quando costumam aparecer? Você consegue associar com outros eventos?

Antes de seguirmos eu gostaria de propor uma autorreflexão, sei que essa sugestão pode parecer muito clichê, mas é fundamental quando pensamos em evolução pessoal. Essa voz crítica interior que você, possivelmente, carrega desde a sua infância, pode gerar profunda tristeza, insegurança e um sentimento de inadequação generalizado. Muitos diagnósticos psiquiátricos não estão associados somente com ocorridos do presente momento, mas, sim, com entraves familiares da infância. Se você foi deixado sozinho até pegar no sono ou se pediam para você engolir o choro ou, até mesmo, te ridicularizavam pelos seus sentimentos, há uma chance de sua capacidade de tolerar sentimentos desagradáveis ser menor; é como se transbordasse o seu reservatório com maior rapidez.

Quando somos amparados pelos nossos pais ou cuidadores principais, a chance de adotarmos uma visão otimista diante dos obstáculos é maior e vamos abastecendo uma espécie de reservatório interno, o que nos torna menos suscetíveis a diagnósticos de depressão e ansiedade ao longo da vida. Infelizmente não conseguimos evitar problemas de saúde mental, mas é importante aceitarmos as mudanças de rota do nosso dia a dia e acreditar no processo de evolução pessoal, além de buscar ajuda para evitarmos carregar possíveis traumas de infância ao longo do nosso desenvolvimento.

Quando eu cito o otimismo, vale lembrar que não me refiro somente a pensamentos positivos, e sim ao modo como a pessoa pensa sobre as causas de eventos ruins. O otimismo está associado à tomada de medidas proativas para proteger a saúde física e mental. Pessoas otimistas, quando deparadas com um desafio, tendem a agir com confiança e persistência, mesmo que o desafio seja difícil ou sua execução seja lenta. A diferença entre ser otimista e pessimista está relacionada a como as pessoas explicam a causa de eventos bons e ruins que lhes ocorrem no dia a dia.

Pessoas otimistas atribuem explicações permanentes, inespecíficas e internas para os eventos bons e explicações temporárias, específicas e externas para eventos ruins. Já os pessimistas notam os eventos bons como temporários, específicos e externos, além de não atribuírem o acontecimento à sua dedicação pessoal. Para eles, os eventos ruins são percebidos como permanentes, inespecíficos e internos. Esse estilo explicativo presente nos eventos otimistas e pessimistas podem ser originados nos componentes genético e ambiental. Assim sendo, estudos com pais e filhos indicam que pode haver uma considerável ligação entre ambiente e otimismo aprendido, ou seja, não podemos descartar o suporte que tivemos ou não durante a nossa infância.

Nem sempre é fácil manter essa visão otimista sobre os ocorridos, principalmente diante das mudanças repentinas da nossa vida, quando você nota que a realidade está completamente diferente dos seus planos; parece que o otimismo é a última opção a ser implementada. É nesse momento que costumamos procrastinar, ou seja, adiamos determinada tarefa, pois a mesma desencadeia uma reação de estresse ou algum sentimento de aversão. Também é possível notar uma falta de prazer em atividades que antes você apreciava. Começamos, então, a questionar o que vale a pena ser vivido e, em alguns momentos, até deixamos de fazer o que poderia nos ajudar a melhorar o estado de ânimo por não ter nenhum desejo de fazê-lo. Quando nos deparamos com a baixa produtividade aguardamos por um momento de força e prazer, mas esse momento nem sempre chega de forma espontânea, precisamos criá-lo a partir de alguma ação. Na maioria das vezes a vontade de persistir em determinada tarefa só vai aparecer depois da ação, o que aumenta o nosso desafio, afinal de contas, vamos precisar fazer determinada atividade, mesmo sem vontade, para conseguirmos sair desse ciclo.

Para algumas pessoas, por exemplo, é muito difícil acordar com vontade de ir até a academia, mas a sensação de prazer após a ida é propulsionadora e com o tempo e uma rotina bem-estabelecida poderá estimular a próxima ida, estando com vontade ou não. Quando uma pessoa está motivada, ela se sente pronta para dedicar esforços para alcançar seus objetivos. Portanto, a motivação é um processo interno que incentiva o indivíduo a agir, seja mental ou fisicamente, em busca de algo. O que é diferente de incentivo, pois, nesse caso, seria despertar no indivíduo vontade ou interesse para algo, direcionado a alcançar novos objetivos.

A motivação para algo novo desperta a valorização do processo e o orgulho com os próprios ganhos obtidos nas referidas experiências, envolvendo aquisição de conhecimentos e desenvolvimento de novas habilidades. Esses indivíduos não, necessariamente, acham as tarefas e obrigações prazerosas, mas eles se envolvem por completo, buscam significados e se esforçam para extrair os privilégios intrínsecos. No processo de psicoterapia definimos metas e idealizamos formas de alcançá-las, mas é justamente quando não estamos com o controle da situação que podemos ficar suscetíveis à desistência. Eu percebo que os meus pacientes ficam muito felizes quando percebem que há uma maneira de retomar a situação e persistir de forma positiva, mas isso não significa que será fácil e rápido, talvez irá demandar muito tempo, dedicação e paciência.

Motivação é mais do que um impulso passageiro; é um "motivo para a ação". Ela é a força interna que nos direciona e nos impulsiona a perseguir nossos objetivos e realizar nossas tarefas. Cada um de nós tem razões pessoais que nos movem, seja o desejo de sucesso, a busca por conhecimento, ou a necessidade de contribuir para algo maior que nós mesmos. Entender o que nos motiva é essencial para manter o foco e a energia necessários para superar desafios e alcançar o que desejamos. Assim, é importante refletir frequentemente sobre nossas motivações, pois elas são o cerne de nossas ações e o combustível de nossas conquistas.

Retomar aspectos do dia a dia sem ter o total controle da situação poderá ser estranho, mas é viável a partir do momento que você entende que qualquer tarefa grandiosa vai desencadear uma sensação de "agora eu não quero" e isso acontece com muitas pessoas. Eu preciso ser sincera com você: sabemos que nem sempre estamos motivados, mas é justamente ao experimentar essa autonomia que você poderá superar seus próprios limites e alcançar seus objetivos pessoais. Ao longo do processo, pequenas recompensas serão importantes também; aqui eu não me refiro a recompensas materiais e externas, mas, sim, internas. É quando você mesmo se cumprimenta, parabeniza e entende que os seus esforços estão te levando para a direção correta. O processo de aprendizagem é valorizado pelo grande entusiasmo que desperta à medida que novos conhecimentos são adquiridos.

Qualquer situação que possa gerar a percepção da sua própria competência ou promover um reforço positivo do seu comportamento em determinada atividade aumentará a sua motivação. A motivação está intrinsecamente ligada ao nível de privação do organismo, e os comportamentos que visam aliviar essa privação são fortalecidos pelo reforçamento. Esse reforçamento ocorre quando as consequências de um comportamento são agradáveis ou desejáveis, ou mesmo quando o comportamento consegue eliminar ou evitar algo doloroso ou indesejável. Nomeamos esse segundo caso de reforçamento negativo, muito comum quando ficamos em silêncio para evitar críticas ou quando acatamos determinados pedidos, mesmo sem desejar, apenas para não sofrer nenhum tipo de humilhação, seja na vida pessoal ou no trabalho, por exemplo.

Talvez você esteja pensando: também não é possível controlar a minha própria motivação, como devo viver? Será que o certo é não fazer nada e deixar as coisas acontecerem naturalmente? Por muito tempo eu também fiz os mesmos questionamentos. Como ser feliz sem saber sobre o amanhã? Sem ter controle de nada e sem saber o rumo dos próximos dias? Aos poucos vamos observando e concluindo que é impossível controlar as rápidas mudanças a que somos submetidos ao longo de cada dia. Não assumir essa verdade seria aceitar viver uma angústia constante e é por isso que vivemos uma enorme infelicidade quando tentamos controlar os acontecimentos de nossas vidas ou das pessoas que amamos. Aceite a sua história, as pessoas que estão ao seu redor, o seu trabalho e a sua família, temos uma tendência de nos compararmos com quem está próximo, sempre julgamos a vida do outro melhor, mas, cuidado!

Vivenciamos um momento delicado. São muitas redes sociais e uma exposição constante à comparação de terceiros. Sempre nos falta algo ou há alguém superior. Está tudo bem se o seu conhecido já malhou antes das 8h, fez ioga em uma rotina caótica de trabalho ou se está maquiada e bem arrumada às 7h. Não temos como saber se tudo isso é verdadeiro ou não, o que podemos e devemos fazer é não criar uma competição interna com quem nem sequer conhecemos.

O seu ritmo não é mais lento, você não está atrás de ninguém, você está vivendo a sua vida. A única comparação válida é aquela que você faz consigo mesmo: entre quem você era ontem, quem você é hoje e quem deseja ser amanhã. Concentre-se em sua evolução pessoal e permita-se cometer erros. Afinal, assim como todos, você também não sabe tudo e precisa constantemente reconsiderar suas posições e se dar a chance de mudar.

CAPÍTULO 3

ESTOU CONFUSO. QUERO FICAR SOZINHO!

Nomeando os sentimentos

Você acorda e recebe uma mensagem com um convite, mas nesse momento com tudo extremamente confuso em seu dia a dia você só consegue pensar em ficar sozinho. Eu sei que nesse período tudo é incômodo; frequentar certos lugares desperta lembranças e algumas cenas rotineiras também podem ser angustiantes, porém, eu tenho que te dizer que a solidão vai ser a sua pior inimiga nesse período. Quando nos sentimos sem rumo é importante permitir que outras pessoas se aproximem. É fundamental que você se permita ser cuidado. Você ficará surpreso com a quantidade de força interior que possui e o quanto ela poderá durar. No entanto, essa reserva não é infinita. Portanto, quando perceber sinais de esgotamento, não hesite em buscar apoio. Tendemos a nos fechar diante de situações desafiadoras. Com isso, muitos pensamentos negativos podem surgir. Ter pessoas empáticas por perto poderá te ajudar a ter forças para seguir.

Busque pessoas que te escutem de verdade, que aceitem os seus sentimentos e não os julguem ou reprimam as suas emoções. Aqui vale ressaltar que, embora frequentemente usados de forma intercambiável, sentimentos e emoções são conceitos distintos. Emoções são reações biológicas e psicológicas automáticas e universais, como alegria, tristeza, medo, raiva, surpresa ou nojo, que surgem em resposta a estímulos específicos. Essas reações são curtas e geralmente acompanhadas de mudanças fisiológicas. Sentimentos, por outro lado, são as experiências subjetivas e conscientes que interpretam essas emoções. Eles são moldados por nossas experiências pessoais, crenças e memórias, e tendem a ser mais duradouros e complexos. Enquanto as emoções são o corpo reagindo a um momento, os sentimentos são a mente refletindo sobre essas reações.

Se você chegar em casa e comentar com quem se relaciona que "passou por um momento ruim com um colega", e essa pessoa responder "não deve ter sido tão ruim assim", você, possivelmente, vai achar que o seu sentimento não foi validado e que você não teve oportunidade de ser ouvido. Isso faz com que você, aos poucos, não tenha mais vontade de contar sobre as suas experiências para essa pessoa. Se, por outro lado, você ouvisse "poderia me contar melhor o que aconteceu?", provavelmente, você se sentiria acolhido a ponto de explicar detalhadamente a sua sensação, elaborar os seus sentimentos e ainda poderia ouvir "imagino que tenha sido um momento bem ruim mesmo, concordo". Nesse momento, com certeza, você poderia começar a se sentir melhor.

Também teria a possibilidade dessa pessoa te ajudar com algum "conselho", mas já posso te adiantar que não seria uma boa alternativa para esse momento. Nesse tipo de situação ninguém quer ouvir qual seria a melhor postura e conduta, nesse caso você precisaria de um acolhimento para não se sentir pior. Redirecionar a sua atenção para qualquer outra cena também não seria válido, pois, o mais importante nesse caso seria a escuta ativa (tema a ser abordado no próximo capítulo). Você até poderia se distrair, mas a sensação de não ser validado continuaria a mesma e indo um pouco além daria uma sensação de desmerecimento e infantilidade. Quando os sentimentos não são trabalhados, eles retornam, muitas vezes, com mais força ainda.

Nesse momento é importante você explorar os seus sentimentos. Essa é uma jornada significativa e enriquecedora que nos permite compreender melhor quem somos. É um processo de autoconhecimento que contribui para o desenvolvimento pessoal e o bem-estar emocional. É um aprofundamento corajoso na nossa subjetividade, não há sentimentos "certos" ou "errados", mas, sim, uma riqueza de nuances que revelam a complexidade da experiência humana. Aos poucos vamos nos confrontando com várias emoções que residem dentro de nós e descobrindo que os sentimentos não são estáticos, mas dinâmicos, como rios que fluem e se transformam ao longo do tempo. Em alguns momentos nos deparamos com as emoções positivas e, em outros, navegamos na turbulência da tristeza, raiva ou medo.

Essa exploração exige de nós mesmos muita coragem e autoconsciência, vamos nos deparar com cantos sombrios, mas também vamos encontrar luz em alguns momentos. Essa busca não é isenta de desafios, com certeza você irá se deparar com sentimentos desconfortáveis ou dolorosos que preferiria evitar, mas é na aceitação dessas emoções, na sua plenitude e sem reservas, que você irá encontrar a chave para uma compreensão mais profunda de você mesmo.

Ao longo desse percurso você notará que a exploração emocional não é um destino final, mas um processo contínuo de autodescoberta. Muitas vezes, a cada reviravolta, somos convidados a crescer, a evoluir, a abraçar a complexidade que nos torna humanos. É na vulnerabilidade e na autenticidade que descobrimos a verdadeira riqueza dos nossos sentimentos, forjando uma conexão mais profunda com nós mesmos e, por consequência, com os outros ao nosso redor. Reconhecer a interconexão entre o corpo e a mente é fundamental nesse processo.

As sensações físicas, muitas vezes, refletem o estado emocional, e a consciência dessas manifestações corporais enriquece a nossa compreensão dos sentimentos. A respiração acelerada da ansiedade, o calor da raiva, a leveza da alegria, enfim, cada sensação é uma linguagem que o corpo utiliza para comunicar o que a mente sente. Ao explorar os seus sentimentos você irá desenvolver empatia pelos demais, além de compreender que todos compartilham essa riqueza emocional e que essa capacidade de se conectar com as emoções alheias é fundamental para construir relacionamentos autênticos.

Para te ajudar nisso eu sugiro que você utilize a Roda dos Sentimentos (Willcox, 1982). É uma representação gráfica que categoriza uma ampla gama de emoções humanas em formato circular. É uma forma de visualizar as relações e nuances entre diferentes sentimentos e encontrar as palavras que melhor definirão os seus sentimentos. Faça uma cópia e a deixe exposta para que você amplie o seu repertório e promova a compreensão emocional. Utilize os espaços em branco para acrescentar as suas próprias palavras ao longo do seu aprendizado e descoberta pessoal.

RODA DOS SENTIMENTOS*

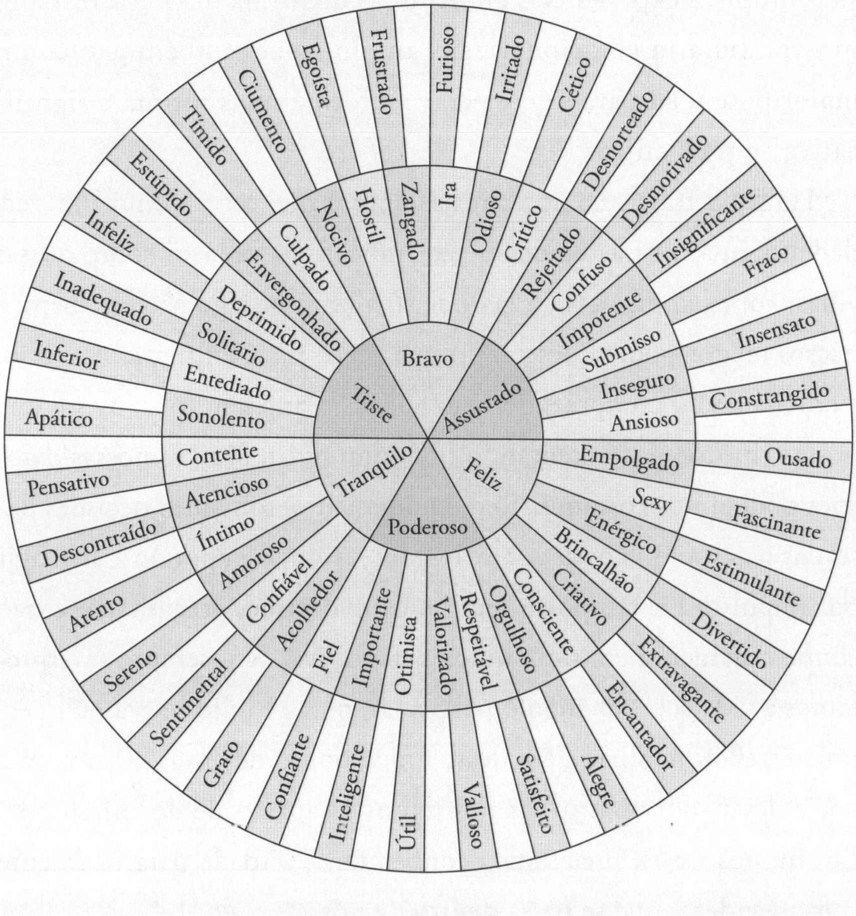

Para utilizar a Roda dos Sentimentos de Willcox efetivamente, é útil começar identificando uma emoção básica que você está sentindo. A partir daí, você pode olhar para as emoções relacionadas que irradiam para fora no gráfico. Isso pode ajudar a identificar sentimentos mais específicos ou misturados que talvez não fossem inicialmente óbvios. Utilize-a como uma possibilidade

* Tradução certificada realizada por: Lucivânia Façanha França

de mapear a complexidade das emoções humanas e navegue por suas próprias experiências emocionais de forma mais eficaz. Com um vocabulário emocional mais amplo, você também ganha um maior potencial para se conectar de forma mais íntima e significativa com os outros.

Há uma frase que aprecio bastante e que serve como um verdadeiro guia: nossas emoções são indicativos valiosos sobre nossas vidas. Por exemplo, a tristeza pode sinalizar que algo não está bem, e nossos medos podem destacar o que precisamos enfrentar. Por isso, é crucial tentar compreender não apenas o que sentimos, mas o que nossas emoções estão tentando nos comunicar. Sim, as nossas emoções podem nos confundir! Frequentemente, tomamos decisões baseadas nelas, o que pode ser arriscado. Assim, é importante não agir por impulso. Dê tempo ao tempo, evite decisões precipitadas e não confie cegamente em uma única perspectiva. Nós sempre interpretamos a vida sob um ângulo particular, mas é muito relevante questionar, refletir e olhar além desse único ponto de vista. Lidar com a dor é desafiador, mas todos nós temos a capacidade de enfrentá-la. Em muitos casos, precisamos confrontar a verdade para realmente compreender o que se passa dentro de nós.

CAPÍTULO 4

NEM SEMPRE VOU CONSEGUIR AJUDAR OS MEUS FAMILIARES.

A importância da escuta ativa

Em alguns momentos você sente uma grande preocupação com quem está ao seu lado; aqui me refiro aos seus familiares próximos. Você percebe algo diferente, nota determinada mudança, mas não consegue acessar o que está acontecendo. Você quer ajudar, mas não sabe por onde começar. Você sabe que a pessoa precisa de ajuda, mas ela não se mostra aberta para isso. Lidar com angústias familiares, especialmente quando nos sentimos incapazes de controlar a situação, é um desafio emocional complexo que muitas pessoas enfrentam. Familiares, com suas intricadas dinâmicas e profundas conexões emocionais, podem ser fontes de grande conforto e amor, mas também de significativa tensão e preocupação. Quando surgem problemas que parecem estar além do nosso controle, seja uma doença, questões financeiras, conflitos interpessoais ou decisões de vida importantes, a sensação de impotência pode ser opressiva.

Primeiramente, é crucial reconhecer e aceitar os limites do que podemos controlar. Muitas vezes, queremos resolver todos os problemas, curar todas as dores e ajustar todas as discordâncias, mas isso nem sempre é possível. A aceitação não significa apatia ou desistência, mas sim um reconhecimento de que, em certas circunstâncias, o melhor que podemos fazer é oferecer apoio, ouvir e estar presente. A aceitação nos permite liberar a tensão que vem do desejo de controlar o incontrolável e pode nos ajudar a encontrar paz mesmo em meio a situações tumultuadas.

Manter uma comunicação aberta e honesta é essencial. Expressar nossos próprios sentimentos e preocupações de maneira clara e respeitosa pode aliviar parte da angústia. Isso não só ajuda a esclarecer nossa posição, mas também pode incentivar outros membros da família a compartilhar suas próprias experiências e perspectivas. Em momentos de crise, a falta de comunicação pode levar a mal-entendidos e isolamento, enquanto uma comunicação efetiva pode fortalecer os laços familiares e promover uma solução coletiva para os problemas.

Práticas de autocuidado também são fundamentais. Em tempos de crise familiar, pode ser fácil negligenciar nossas próprias necessidades, mas manter nossa saúde física e emocional é essencial para enfrentar desafios de longo prazo. Cuidar de si é um pré-requisito para cuidar dos outros efetivamente. Também é importante cultivar a paciência. Mudanças e soluções em contextos familiares podem exigir tempo e, muitas vezes, as situações evoluem de maneiras que não podemos prever. Manter a paciência e estar aberto a adaptações ao longo do caminho pode aliviar a pressão de "consertar" tudo rapidamente. Lidar com angústias familiares sem ter controle sobre todas as variáveis envolvidas é uma tarefa desafiadora, mas abordando a situação com aceitação, comunicação eficaz, apoio externo, autocuidado e paciência, pode-se navegar nessas águas turbulentas com mais equilíbrio e menos estresse.

Cada pessoa é um universo próprio, com seus tempos e processos internos que precisam ser respeitados. Aprender a lidar com essa impotência aparente e entender que o apoio efetivo às vezes significa esperar pode ser um grande desafio emocional. Quando tentamos ajudar alguém que não está pronto para aceitar essa ajuda, podemos enfrentar resistência, rejeição ou até mesmo uma deterioração nas relações. Isso ocorre porque a ajuda, quando imposta, pode ser percebida como uma ameaça à autonomia da pessoa ou como uma crítica ao seu modo de lidar com a vida.

Por mais bem-intencionadas que sejam nossas ações, elas podem ser interpretadas de maneira errada, criando mais barreiras do que pontes. Manter a comunicação aberta é crucial. Expressar preocupação e amor de maneiras não invasivas podem deixar a porta aberta para que o familiar saiba que, quando estiver pronto, ele terá um suporte seguro e amoroso à sua espera. Isso pode ser feito através de uma escuta ativa.

Na essência da escuta ativa está a capacidade de ouvir não apenas com os ouvidos, mas com toda a atenção e consciência. Isso significa prestar atenção não só às palavras, mas também ao tom de voz, aos gestos e às expressões faciais, todos eles componentes críticos da mensagem que está sendo comunicada. Além de absorver o conteúdo verbal, envolve ler as entrelinhas e captar o que não está sendo dito explicitamente. Um aspecto crucial é a postura de não julgamento. Quando escutamos ativamente, mantemos nossas próprias opiniões e julgamentos em cheque, focando completamente na experiência e perspectiva da outra pessoa. Isso não significa que devemos sempre concordar com o que é dito, mas sim que devemos dar espaço para que as ideias e sentimentos do outro sejam expressos sem o medo de crítica ou desaprovação.

A escuta ativa também envolve uma série de respostas ativas que indicam ao falante que ele ou ela está sendo ouvido. Isso pode incluir acenos com a cabeça, expressões faciais apropriadas e verbalizações como "entendo", "vejo" ou "continue". Essas pequenas ações são sinais de encorajamento que validam o falante e incentivam a continuidade do diálogo.

Além disso, fazer perguntas abertas é uma técnica valiosa. Perguntas que começam com "como", "o que" ou "por que" podem ajudar a aprofundar a conversa e dar ao falante uma oportunidade de explorar seus pensamentos e sentimentos mais completamente. Essas perguntas mostram que você está engajado e interessado em entender melhor a perspectiva da outra pessoa, ao invés de simplesmente esperar sua vez de falar. Parafrasear ou resumir o que foi dito é outra ferramenta eficaz. Ao fazer isso, você demonstra que realmente compreendeu a mensagem do outro. Essa prática não apenas reforça que a mensagem foi recebida corretamente, mas também dá ao falante a chance de corrigir qualquer mal-entendido antes que a conversa prossiga.

A chave é fazer com que o outro se sinta apoiado, não julgado. A capacidade de aceitar que não podemos controlar a disposição de outros para ser ajudados é uma forma de sabedoria emocional. Ela nos desafia a encontrar um equilíbrio entre o cuidado ativo e a aceitação passiva, uma dinâmica que é fundamental para manter relações saudáveis e amorosas, mesmo em face de circunstâncias desafiadoras.

Exercer controle em momentos difíceis é uma demonstração de competência e resiliência. Quando confrontados com situações adversas a capacidade de influenciar o curso dos acontecimentos pode ser extremamente gratificante. Isso não apenas nos proporciona uma sensação de eficácia, mas também reforça nossa autoestima e confiança. Ser capaz de navegar por águas turbulentas e ainda assim direcionar os resultados de maneira positiva é uma prova de habilidade e adaptabilidade. Essa habilidade de exercer controle em situações desafiadoras é também uma parte fundamental da resiliência humana. A resiliência não é apenas sobre a capacidade de resistir ao estresse ou recuperar-se rapidamente de adversidades; é também sobre a habilidade de fazer escolhas proativas em face da incerteza. Quando as pessoas sentem que podem influenciar os resultados mesmo em pequena escala, elas são mais propensas a enfrentar desafios de frente, em vez de evitá-los ou se sentir vítimas das circunstâncias.

O exercício do controle em contextos difíceis muitas vezes requer uma avaliação crítica das opções disponíveis e a tomada de decisões ponderadas sob pressão. Isso desenvolve e aprimora habilidades de pensamento crítico e solução de problemas, que são inestimáveis em todas as áreas da vida. Saber que se pode contar com a própria capacidade de decisão em momentos críticos traz uma paz de espírito que a simples passividade diante do controle não pode oferecer.

No entanto, é importante reconhecer que o desejo de controlar não deve se transformar em uma necessidade obsessiva de dominar todos os aspectos da vida, o que pode levar ao estresse e à decepção quando as coisas inevitavelmente escapam do controle. Uma abordagem equilibrada reconhece e aceita que nem tudo pode ser controlado. A sabedoria em discernir entre o que pode e o que não pode ser controlado é crucial para manter o bem-estar mental e emocional.

CAPÍTULO 5

MEUS DIAS JÁ COMEÇAM DIFÍCEIS.

A busca pela felicidade idealizada

Quando não estamos bem, basta uma pequena coisa sair fora do previsto que bate aquela sensação de que o dia todo será muito difícil. Você estava pronto para sair para o trabalho e, sem querer, derramou uma xícara de café em você que também se espalhou pela cozinha toda. Aquela sujeira, imediatamente, desperta a sensação de que nada funciona como você quer e deseja. Você começa a pedir, em tom de desespero, momentos de paz, pois, ali, naquela situação, você concluiu que tudo parece estar contra você. Quando estamos nesse estado começamos a esperar somente coisas negativas e notícias ruins, e isso pode ser perigoso, afinal causará uma desesperança grandiosa. É a partir dessa ocasião que você acha que, realmente, nada vai fluir na sua vida e que nunca mais obterá as rédeas da situação. Esse momento é crucial, afinal, é fundamental buscar um ponto de equilíbrio para não gerarmos mais desânimo e sofrimento.

Temos uma ideia muito errônea de que só seremos felizes quando o nosso plano magnífico de vida, traçado aos 15 anos de idade, sair conforme o planejado. Eu tenho certeza de que quando você tinha entre 15 e 25 anos de idade você projetou inúmeros planos pessoais com a sua melhor amiga ou melhor amigo ou até mesmo com o seu companheiro ou companheira. Você fez uma listinha da pessoa ideal, você escolheu com quantos anos se casaria e quando teria o seu primeiro filho, você escolheu os nomes dos bebês, idealizou uma moradia como aquelas de revista e hipotetizou o emprego dos sonhos com o melhor salário do mundo, com um chefe paciente e carismático.

Conforme você foi se desenvolvendo eu imagino que você foi notando que esse plano foi sendo modificado. A modificação foi aos poucos e de forma lentificada, te deixando, muitas vezes, confuso sobre as suas expectativas e direcionamentos. Tal fato foi gerando momentos de frustração, mas que muitas vezes foram encarados sem muitas demonstrações públicas de insatisfação, afinal a vida parece nos deixar em dúvida do que está acontecendo e se realmente estamos corretos ou não. Parece que conforme o tempo passa vamos ficando culpados, com uma sensação de ingratidão.

Você foi ficando quieto e engolindo, por exemplo, que não se casou aos 26 anos de idade, conforme o previsto, e que a sua casa é bem menor do que aquelas da revista. O seu chefe é super impaciente e o seu marido ou esposa parece não querer ter o segundo filho. Aos poucos, a vida foi mudando completamente e o seu projeto de adolescência pareceu ir se dissolvendo na correria diária. Depois de muitos dias confusos e pensamentos embolados você se deparou com uma série de questionamentos pessoais: "O que está acontecendo na minha vida? Onde eu errei? Por qual motivo eu não mereço? Todos possuem algo menos eu!".

Esse comportamento pode gerar uma sensação interna de incapacidade e de que algo deu errado na sua vida. Você começa a terceirizar a sua felicidade e os seus momentos de prazer. Isso pode ser um perigo, pois é nesse momento que nos tornamos vulneráveis ao externo e ficamos sujeitos a realizar o que o outro espera e deseja da gente. Terceirizar a felicidade pode se manifestar de várias maneiras. Algumas pessoas buscam incessantemente o sucesso profissional, acreditando que atingir metas específicas trará uma satisfação profunda e duradoura. Outras depositam suas esperanças na aquisição de bens materiais, acreditando que a posse de determinados itens ou o alcançar de um determinado padrão de vida será o catalisador da felicidade. Relações interpessoais também podem ser vistas como uma fonte externa de felicidade, com algumas pessoas esperando que a aprovação, amor ou atenção dos outros preencham o vazio emocional.

O problema fundamental de terceirizar a felicidade reside no fato de que ela coloca o controle do bem-estar emocional nas mãos de fatores externos, muitos dos quais estão além do nosso controle. A verdadeira felicidade, no entanto, é mais complexa e multifacetada. Ela envolve a compreensão de que a alegria duradoura não pode ser totalmente derivada de fatores externos. Em vez disso, requer um compromisso pessoal com o autoconhecimento, aceitação e cultivo de práticas internas que promovam um estado constante de contentamento.

É interessante refletir sobre como o valor que atribuímos às coisas pode mudar ao longo do tempo. Muitas vezes, aquilo que antes parecia vital ou decisivo para nossa felicidade hoje pode parecer irrelevante. Isso acontece porque, com o tempo, tendemos a valorizar mais a profundidade dos sentimentos, a segurança e a busca por experiências que nos proporcionem uma sensação de plenitude, em vez de bens materiais, como um carro de luxo. Essa evolução nas prioridades reflete um amadurecimento na forma como percebemos o que realmente importa em nossas vidas.

Em *Os Mitos da Felicidade*, a autora Sonja Lyubomirsky destaca o mito da busca da felicidade em circunstâncias externas, argumentando que eventos como conquistas profissionais, ganhos financeiros ou relacionamentos não garantem a felicidade duradoura. Embora esses eventos possam proporcionar momentos de alegria, a autora enfatiza que a adaptação hedônica, ou seja, uma tendência para nos acostumarmos rapidamente a mudanças positivas, faz com que o impacto positivo dessas experiências diminua ao longo do tempo. Isso significa que conquistas ou ganhos materiais temporários podem proporcionar felicidade momentânea, mas a euforia tende a diminuir ao longo do tempo.

A autora também explora a falsa ideia de que a felicidade é constante. Muitas pessoas acreditam que, uma vez alcançada, a felicidade permanecerá inalterada. No entanto, os níveis de felicidade flutuam e são influenciados por fatores internos e externos, sendo necessário um esforço contínuo para mantê-la. A busca da felicidade genuína deve se concentrar em práticas internas e atitudes pessoais. Ela destaca a importância da gratidão, apontando para pesquisas que indicam que a expressão regular de gratidão pode contribuir significativamente para a satisfação com a vida. Da mesma forma, a prática de atos de bondade e a promoção de pensamentos otimistas, como já citei anteriormente, são apontadas como estratégias eficazes para aumentar a felicidade.

Eu sei que não podemos controlar os pensamentos que surgem, basta alguém dizer para não fazermos ou pensarmos em alguma coisa que dá mais vontade ainda de executar determinado ato, mas podemos mudar o foco da nossa atenção. Ao tentar evitar ativamente um pensamento, entramos em um jogo complexo com nossa própria mente. A supressão consciente de um pensamento muitas vezes sinaliza ao cérebro que esse pensamento é relevante e importante. Nossa mente, inerentemente curiosa, não responde bem a ordens de exclusão. Ao contrário, ela se volta para aquilo que está sendo suprimido, criando uma contradição cognitiva.

A aceitação, em vez da supressão, pode emergir como uma abordagem mais eficaz, permitindo que os pensamentos fluam naturalmente. Escolher as ideias a que vamos dedicar o nosso tempo e a nossa atenção pode ter um impacto poderoso na nossa experiência emocional. Muitas vezes precisamos nos concentrar em um problema, mas também precisamos observar e nos concentrar na direção que queremos tomar e em como queremos nos sentir ou nos comportar. Para conseguirmos direcionar o foco da nossa atenção eu vou sugerir dois caminhos: a prática da atenção plena e da gratidão.

A prática de atenção plena, também conhecida como *mindfulness*, é uma jornada interior que convida os praticantes a mergulharem profundamente no momento presente. Em um mundo repleto de distrações e ansiedade, a atenção plena emerge como uma bússola, guiando os indivíduos de volta ao agora. Ao se envolver na prática de atenção plena, a primeira âncora é a respiração. O ato de respirar torna-se mais do que uma função fisiológica; transforma-se em um elo direto com o presente.

A mente, muitas vezes inquieta e dispersa, é convidada a se fixar na inspiração e expiração, criando um ponto de referência para o retorno constante à realidade imediata. A atenção plena não é uma busca pela supressão dos pensamentos, mas sim uma aceitação de sua presença. Os pensamentos vêm e vão como nuvens no céu, e a prática é testemunhar essas nuvens sem se perder nelas. A mente é como um rio constante de pensamentos, e a atenção plena é aprender a observar esse fluxo sem ser arrastado pela correnteza. Cada sentido é convidado a participar na dança da atenção plena. As sensações corporais são exploradas com curiosidade, desde a simplicidade do contato dos pés com o chão até a complexidade das sensações internas.

O som, muitas vezes negligenciado em meio ao caos, é resgatado e percebido como uma sinfonia de momentos fugazes. A prática de atenção plena é uma jornada para dentro, mas também para fora. A percepção do ambiente ao redor é afiada, como se uma lente invisível fosse ajustada para capturar os detalhes muitas vezes esquecidos da vida diária. As cores se tornam mais vibrantes, os cheiros mais nítidos, e a experiência do momento é vivida em sua plenitude. A aceitação é uma pedra fundamental na prática de atenção plena. Não se trata de escapar da realidade ou modificar o presente, mas sim de abraçá-lo com aceitação e compaixão. Seja alegria ou desconforto, a atenção plena convida a uma presença completa e incondicional, sem nenhum tipo de julgamento.

O conceito de gratidão, muitas vezes, é mal-interpretado e aplicado de maneiras que podem minar seu verdadeiro significado e potencial impacto. Em uma era em que a prática da gratidão tornou-se uma espécie de tendência popular, é importante refletir sobre como, por vezes, a utilizamos de forma superficial ou equivocada. Em muitos casos, a gratidão é reduzida a um simples exercício de listar coisas pelas quais somos gratos, sem um verdadeiro mergulho nas emoções e reflexões subjacentes. A superficialidade dessa abordagem pode transformar a gratidão em uma formalidade, uma lista de verificação, em vez de uma experiência autêntica e transformadora. Outro equívoco comum é a busca da gratidão apenas em momentos de grande alegria ou sucesso. A verdadeira gratidão não é condicional; ela é capaz de florescer mesmo nos terrenos áridos da adversidade. Focar apenas nas alegrias óbvias da vida limita a riqueza e profundidade que a prática da gratidão pode oferecer.

A gratidão não deve ser instrumentalizada como uma ferramenta para alcançar objetivos ou conquistar favores. Usar a gratidão como uma estratégia de autopromoção ou para manipular situações sociais compromete sua integridade. A genuína gratidão surge do reconhecimento sincero, não de expectativas de retorno. Essa possível abordagem comercial acaba distorcendo o verdadeiro valor da gratidão, transformando-a em um objeto de consumo. Além disso, existe o risco de que a gratidão possa ser usada como um mecanismo de silenciamento. Em algumas situações, é possível que as pessoas sejam incentivadas a serem gratas como uma forma de desencorajar questionamentos legítimos ou críticas construtivas.

Martin Seligman no seu livro *Florescer* destaca a gratidão como uma das emoções positivas fundamentais que contribuem para o florescimento humano. Ele argumenta que cultivar um estado mental de gratidão não apenas melhora o bem-estar psicológico, mas também tem impactos significativos na saúde física, nos relacionamentos e na resiliência emocional. Para Seligman, a gratidão vai além de simplesmente reconhecer o que é positivo em nossas vidas. Ele sugere que a verdadeira gratidão envolve reconhecer a origem dessas coisas boas, compreendendo que elas não são automaticamente garantidas. Isso implica um entendimento mais profundo de que as experiências positivas muitas vezes são resultado de esforço, contribuição externa ou fatores fora do nosso controle.

O psicólogo destaca diversas práticas que podem ser incorporadas para cultivar a gratidão. Uma delas é manter um diário de gratidão, no qual as pessoas registram regularmente coisas pelas quais são agradecidas. Isso não apenas ajuda a focar nas coisas positivas, mas também promove uma mudança de perspectiva em relação à vida. Outra prática sugerida por Seligman é a "visão de contraste". Isso envolve comparar o presente com um momento em que algo positivo estava ausente, ressaltando a importância do que temos agora. Esse exercício visa destacar as bênçãos presentes na vida diária e reforçar a apreciação por elas. Além disso, Seligman destaca a importância de expressar a gratidão aos outros. Agradecer ativamente às pessoas por suas contribuições não apenas reforça os laços sociais, mas também cria um ciclo positivo, promovendo um ambiente de apoio e conexão.

para enfrentar tudo, mesmo estando sozinho, e não desistir. Eu sei que no auge do estresse e das inúmeras coisas de um dia a dia corrido, o primeiro pensamento é: quero abandonar tudo. Na sequência, muitos pensamentos destrutivos vêm à tona, pois você sente que, realmente, chegou no seu limite.

Por outro lado, você se culpa, pois sabe que não "pode" desistir de tudo e, então, isso gera um ciclo, praticamente, sem fim. É angustiante e frustrante. Você tenta, tenta, tenta e sente que não sai do lugar. É nesse momento que você acaba buscando culpados e tenta transferir a sua dor para terceiros, muitas vezes se colocando no papel de vítima. Você acaba depositando as coisas que deram errado na sua vida em outras pessoas como se a culpa fosse delas. Por qual motivo isso ocorre? Pois quando você transfere a responsabilidade de algo você sente um alívio enorme, afinal de contas é muito difícil, por exemplo, admitir e aceitar que podemos errar. A má notícia é que, possivelmente, isso que você esteja enfrentando seja responsabilidade exclusivamente sua.

A tendência de atribuir a culpa aos outros é uma característica intrínseca da natureza humana, uma resposta muitas vezes automática diante de adversidades, fracassos ou conflitos. Essa propensão a externalizar a responsabilidade é complexa e multifacetada, refletindo não apenas a busca por justificativas, mas também a evitação do desconforto emocional associado ao reconhecimento de nossas próprias falhas. Ao culpar os outros, muitas vezes buscamos uma maneira de preservar nossa autoimagem e autoestima. A ideia de sermos responsáveis por nossos erros ou decisões impopulares pode ser desafiadora, levando-nos a encontrar bodes expiatórios externos como uma forma de escapar do desconforto da autorreflexão. A natureza competitiva de muitos ambientes sociais e profissionais também alimenta a inclinação para culpar os outros. Em situações em que recursos são escassos e a pressão é intensa, a responsabilidade é frequentemente transferida para evitar consequências pessoais negativas.

Além disso, a cultura de culpar os outros pode estar enraizada em estratégias de enfrentamento aprendidas ao longo da vida. Se, desde a infância, fomos expostos a modelos que culpam os outros, é mais provável que internalizemos esse comportamento como uma resposta natural aos desafios. A mudança desse padrão exige um esforço consciente para cultivar a responsabilidade pessoal e a aceitação das próprias limitações. Isso envolve desenvolver a capacidade de reconhecer erros, aprender com eles e buscar soluções construtivas. Aceitar a responsabilidade não é sinal de fraqueza, mas sim um passo corajoso em direção ao crescimento pessoal e à maturidade emocional.

Culpar os outros pode servir como um mecanismo de defesa para evitar o julgamento social e a vergonha. Em muitas situações haja disposição para assumirmos as nossas próprias escolhas, afinal enfrentamos, diariamente, alguém julgando as nossas atitudes. O ato de julgar não é uma ação homogênea; é multifacetado, influenciado por uma interação complexa de valores culturais, experiências pessoais e padrões sociais. O julgamento, por vezes, emerge como um mecanismo de navegação no mundo social, uma ferramenta que nos ajuda a avaliar situações e pessoas com base em nossas próprias perspectivas e valores. Esse processo, em seu aspecto mais benigno, pode ser uma resposta natural à necessidade humana de compreender o ambiente ao nosso redor. No entanto, o julgamento também pode adotar formas menos benevolentes. Pode ser impulsionado por estereótipos, preconceitos e padrões sociais restritivos.

A mídia social, com suas plataformas de julgamento público instantâneo, amplificou e complicou ainda mais essa dinâmica. A prática de julgar outras pessoas, frequentemente baseada em fragmentos de informações ou na exposição seletiva de suas vidas, tornou-se uma realidade virtual. A busca por validação social muitas vezes se traduz em um ciclo de julgamentos apressados, em que a empatia é frequentemente substituída pelo impulso de formar opiniões instantâneas. Enquanto julgamos os outros, inevitavelmente, refletimos nossas próprias crenças, valores e inseguranças. O ato de julgar pode servir como um espelho, revelando não apenas a natureza do objeto de julgamento, mas também aspectos ocultos de nossa própria mente.

Reconhecer e entender o ato de julgar é essencial para promover uma sociedade mais compassiva. A consciência de que todos nós, em algum momento, somos suscetíveis a julgar permite uma reflexão mais profunda sobre as motivações por trás desse comportamento. Ao invés de ceder cegamente ao julgamento, podemos buscar compreender as complexidades e nuances que moldam as vidas dos outros. A empatia emerge como uma antítese valiosa para o julgamento desprovido de contexto. O esforço consciente para entender as experiências e perspectivas alheias oferece uma alternativa à rigidez do julgamento. Ao escolher cultivar a empatia, abrimos portas para a compreensão, aceitação e uma coexistência mais harmoniosa no tecido social.

Ser empático é transcender as fronteiras da própria experiência e mergulhar no mundo emocional dos outros. Requer sensibilidade, abertura e a capacidade de se conectar emocionalmente com as vivências alheias. A empatia não é apenas uma resposta passiva à dor ou à alegria dos outros; é um ato ativo de compreensão e validação. É a habilidade de reconhecer e respeitar as emoções de outra pessoa, independentemente de concordar ou discordar, criando um espaço seguro para a expressão autêntica. Ao ser empático, renunciamos julgamentos precipitados e nos esforçamos para compreender as perspectivas e sentimentos únicos de cada indivíduo. É uma jornada para além das aparências superficiais, buscando enxergar as camadas mais profundas da experiência humana. A empatia exige a disposição de deixar de lado nossas próprias preconcepções e entrar no mundo subjetivo do outro. É um exercício constante de escuta ativa, não apenas com os ouvidos, mas também com o coração e a mente aberta. Ao fazê-lo, cultivamos uma conexão genuína que vai além das palavras.

A prática da empatia não é reservada apenas para momentos de dor. Ela se estende aos momentos de celebração, compreendendo a alegria alheia e compartilhando genuinamente as conquistas dos outros. É uma dança delicada entre oferecer apoio nos momentos difíceis e celebrar nas vitórias alheias. Ser empático não significa absorver as emoções dos outros de forma a sobrecarregar-se. Pelo contrário, é manter uma presença acolhedora, oferecendo suporte emocional sem perder a própria estabilidade. É uma balança sutil entre cuidar dos outros e cuidar de si mesmo.

A empatia é um antídoto poderoso para a divisão e a incompreensão. Ao nos colocarmos no lugar do outro, construímos pontes que transcendem diferenças e promovemos um entendimento mais profundo. É uma força transformadora que pode mudar o curso das interações humanas e, por conseguinte, moldar positivamente a sociedade como um todo. Ser empático é mais do que um gesto ocasional; é uma atitude de vida. É escolher, diariamente, se conectar com a humanidade compartilhada que todos nós partilhamos. É uma escolha consciente de tornar o mundo um lugar mais compassivo, onde a aceitação, a compreensão e o apoio mútuo florescem.

Daniel Goleman trouxe à luz a importância da empatia em sua obra *Inteligência Emocional.* Ao explorar os domínios da inteligência emocional, Goleman destacou a empatia como uma peça-chave para a compreensão e gestão eficaz das emoções, tanto próprias quanto alheias. Ela é um componente vital na inteligência emocional, moldando a maneira como nos relacionamos uns com os outros e influenciando diretamente nossas interações sociais.

Para Goleman, a empatia é uma força que impulsiona o relacionamento interpessoal positivo. Ela cria pontes de compreensão, construindo alicerces para uma comunicação autêntica e uma conexão emocional mais profunda. Ao entender as emoções dos outros, somos capazes de responder de maneira mais apropriada, construindo laços de confiança e respeito mútuo. Ele enfatiza que a empatia é uma habilidade que pode ser cultivada e refinada ao longo do tempo. Ela envolve a prática constante de estar presente, ouvir atentamente e validar as experiências emocionais dos outros.

Essa prática, segundo ele, não apenas fortalece os laços sociais, mas também promove um ambiente onde a cooperação, a compaixão e a compreensão prosperam. Em um mundo que muitas vezes valoriza a competência técnica, a empatia é uma competência essencial para líderes, profissionais e indivíduos em geral. Equilibrar a inteligência técnica com a inteligência emocional, especialmente a empatia, é fundamental para o sucesso duradouro e a saúde emocional.

CAPÍTULO 7

ESTOU SEMPRE PREOCUPADO!

Necessidade de agradar

Alguém sempre irá criticar e julgar os seus atos. Sempre vai faltar algo. Nunca estará bom o suficiente. Eu sei que você tenta fazer de tudo para dar conta da sua semana repleta de afazeres mesmo quando você sente que chegou no limite e que tudo ficou cinzento. Infelizmente, ninguém nos ensina a lidar com as críticas e com os julgamentos de modo que permita que essa visão do outro melhore a nossa vida, em vez de destruir a nossa autoestima. Em determinados momentos as críticas e os julgamentos nos derrubam a ponto de não conseguirmos avançar e lutar pelos nossos ideais. Precisamos desenvolver uma proteção poderosa para conseguirmos lidar de forma positiva, caso contrário poderá nos custar muito caro.

Vamos nos transportar para uma situação prática. Imagine que agora você é Cris, uma pessoa que se esforça para equilibrar suas próprias necessidades com o desejo de agradar os outros. A história que você está prestes a viver é composta de escolhas em momentos críticos que testam sua capacidade de manter o controle em relação às expectativas alheias e à sua autopercepção.

Cenário 1: O jantar

Você organiza um jantar para alguns amigos próximos em sua casa. Tudo parece ir bem até que você percebe que se esqueceu de preparar o prato favorito de um dos amigos.

- **Opção A:** Pedir desculpas e prometer fazer o prato na próxima vez.
- **Opção B:** Sentir-se extremamente mal e deixar que isso estrague sua noite.

Se escolher a Opção A, vá para o Cenário 2A. Se escolher a Opção B, vá para o Cenário 2B.

Cenário 2A: Manter o equilíbrio

Apesar do pequeno erro, a noite continua agradável e seus amigos nem parecem notar a falta do prato. Você percebe que pode controlar apenas suas ações, não as reações dos outros.

- **Opção C:** Refletir sobre essa experiência e aplicar essa lição em futuras interações.
- **Opção D:** Decidir que precisa sempre planejar melhor para evitar qualquer erro.

Se escolher a Opção C, vá para o Cenário 3A. Se escolher a Opção D, vá para o Cenário 3B.

Cenário 2B: A armadilha do perfeccionismo

Você se sente abatido e isso acaba afetando o clima do encontro.

Seus amigos notam sua ansiedade e tentam confortá-lo, dizendo que não há problema algum.

- **Opção E:** Aceitar o conforto deles e tentar relaxar.
- **Opção F:** Continuar preocupado e pedir desculpas excessivamente.

Se escolher a Opção E, vá para o Cenário 3C. Se escolher a Opção F, vá para o Cenário 3D.

Cenário 3A: Crescimento pessoal

Você começa a aplicar a lição aprendida em outras áreas da sua vida, percebendo que agradar a si mesmo é tão importante quanto agradar aos outros.

- **Conclusão do cenário 3A:** Cris descobre que equilibrar suas expectativas com as dos outros é crucial para manter relacionamentos saudáveis e uma boa autoestima.

Cenário 3B: O ciclo de estresse

Você se encontra cada vez mais preocupado em planejar tudo perfeitamente, o que acaba gerando mais estresse e ansiedade em eventos futuros.

- **Conclusão do cenário 3B:** Cris percebe que tentar controlar todos os aspectos de eventos sociais é insustentável e começa a reconsiderar suas prioridades.

Cenário 3C: Aprendendo a relaxar

Aceitando que erros acontecem e que seus amigos realmente valorizam sua companhia mais do que a perfeição, você começa a desfrutar mais de suas interações sociais.

- **Conclusão do cenário 3C:** Cris aprende que ser autêntico e menos preocupado com a perfeição pode levar a relações mais genuínas e satisfatórias.

Cenário 3D: Preocupação constante

Sua preocupação contínua e pedidos de desculpas começam a afastar as pessoas, pois elas se sentem desconfortáveis com sua ansiedade constante.

- **Conclusão do cenário 3D:** Cris reconhece a necessidade de trabalhar em sua autoaceitação e na compreensão de que não pode controlar todas as percepções dos outros.

Resumo final para Cris

Ao longo desta jornada de escolhas interpessoais, Cris explora a tensão entre agradar a si mesmo – e aos outros – e a dificuldade de controlar o que os outros pensam. Cada decisão tomada ilumina a importância de encontrar um equilíbrio saudável, mostrando que, embora seja impossível agradar a todos o tempo todo, é essencial manter a integridade pessoal e respeitar suas próprias limitações e necessidades.

Algumas pessoas dizem que não se importam com o que o outro pensa, mas isso nem sempre é real e pode esconder uma série de inseguranças, afinal, pode acabar impedindo algum possível formato de comunicação e a troca de experiências sociais. Essa não é uma solução interessante, assim como agradar o outro também pode ser um perigo. O constante esforço para agradar os outros pode ser um caminho traiçoeiro, muitas vezes minando a autenticidade e o bem-estar emocional. Quando o foco principal reside na busca incessante pela aprovação alheia, corremos o risco de perder de vista nossa verdadeira identidade e satisfação pessoal.

A pressão para atender às expectativas externas pode criar um fardo emocional significativo. A constante preocupação com a aceitação pode levar à exaustão mental, emocional e até mesmo física. A necessidade de ser constantemente apreciado pelos outros pode criar um ciclo de ansiedade e autocrítica, pois cada ação é moldada pela busca incessante por validação externa. O hábito de priorizar agradar aos outros muitas vezes resulta em sacrificar nossos próprios desejos e necessidades. Isso pode levar a uma desconexão gradual de nossa autenticidade, conforme nos moldamos para se adequar às expectativas externas. A longo prazo, essa falta de alinhamento com nossa verdadeira essência pode levar a sentimentos de vazio e insatisfação.

Preocupar-se demais em agradar os outros também pode ser um obstáculo ao crescimento pessoal. Ao evitar confrontações ou desafios que possam desagradar, perdemos oportunidades valiosas de aprendizado e desenvolvimento. A autopreservação a todo custo pode resultar em uma existência limitada, em que o medo do desagrado alheio torna-se uma barreira para a realização plena. É crucial reconhecer que buscar agradar os outros não é intrinsecamente negativo, mas quando essa busca se torna a principal motivação, há riscos sérios. É importante encontrar um equilíbrio saudável entre considerar as necessidades dos outros e preservar nossa autenticidade. A verdadeira satisfação e realização vêm quando vivemos alinhados com nossos valores e objetivos, em vez de se submeter à pressão constante de sermos aprovados por todos ao nosso redor.

Não podemos esquecer que, como seres humanos, buscamos a aprovação dos outros; isso nos nutre e nos diz que estamos no caminho certo. Mas, certo para quem? Distinguir entre o "eu" e o "outro" é um excelente ponto de partida para compreender que críticas podem ser construtivas, embora, muitas vezes, reflitam mais as frustrações e dores do outro do que as nossas. Não estou apenas tentando ser condescendente, porque para mudar a situação em que você se encontra, sabemos que é necessário sair da zona de conforto, ou seja, do ambiente em que você está acostumado a lidar com os problemas.

CAPÍTULO 8

EU NÃO AGUENTO MAIS MUDANÇAS.

Saia da sua zona de conforto sem medo

Saia da sua zona de conforto. Eu sei que isso parece desesperador quando estamos sem o controle de determinadas situações, afinal é bem provável que você não queira caçar algo novo para sofrer novamente ou que parece enlouquecedor unir mais algum tipo de dor ao seu momento atual, mas é fundamental que você consiga traçar novos passos no seu dia a dia e exercitar a sua coragem para isso. Quando nos deparamos com alguma instabilidade tendemos a nos retrair, numa tentativa de proteção e segurança. Recusamos convites, negamos contato com novidades e nos fechamos. É interessante respeitar esse momento, mas entenda e o encare como transitório. Você não retomará as rédeas da sua vida se não sair da zona de conforto! Encare sem medo.

A zona de conforto representa o terreno familiar, onde as rotinas são previsíveis e os desafios são mínimos. No entanto, a resistência em deixar esse espaço seguro muitas vezes impede a exploração de novas possibilidades e a realização de ambições mais amplas. Esse medo pode ser enraizado na aversão ao desconhecido. A incerteza que acompanha o passo além da zona familiar pode gerar ansiedade e insegurança. A preocupação com o fracasso, o julgamento dos outros ou a falta de habilidade para lidar com situações desconhecidas contribui para a relutância em se aventurar além dos limites confortáveis.

A zona de conforto, apesar de oferecer segurança percebida, pode se tornar uma prisão emocional. A estagnação resultante da resistência à mudança pode levar à insatisfação e à falta de crescimento pessoal e profissional. O medo de enfrentar desafios desconhecidos muitas vezes impede o desenvolvimento de novas habilidades, a busca por paixões e a descoberta de potenciais não explorados. No entanto, superar o medo de sair da zona de conforto é crucial para o desenvolvimento pessoal. Isso requer uma mudança de mentalidade, uma disposição para abraçar o desconhecido e uma aceitação de que o crescimento muitas vezes ocorre fora dos limites familiares. Encarar o medo e dar passos progressivos para além da zona de conforto pode resultar em experiências enriquecedoras, aprendizado constante e uma sensação renovada de realização.

A jornada de abandonar a zona de conforto não precisa ser repentina; pode ser um processo gradual. Ao desafiar gradualmente os limites estabelecidos, é possível expandir horizontes, construir confiança e descobrir novas facetas do eu. No cerne desse processo está a compreensão de que, embora a zona de conforto ofereça segurança, a verdadeira vitalidade e realização muitas vezes residem do lado de fora, no terreno da novidade e do crescimento contínuo.

Essa busca pelo enfrentamento do medo e pela construção da autoconfiança envolve um processo de cultivar a autoaceitação e a autocompaixão, além de compreender a importância da vulnerabilidade. Desenvolver a confiança exige, inevitavelmente, que fiquemos em paz com a nossa fragilidade. Quando conseguimos conviver com o novo começamos a desenvolver a confiança a partir do zero, também vale lembrar que não precisamos eliminar o medo antes de uma nova tentativa. O medo não deve te assustar, em alguns momentos ele irá te ajudar a alcançar a sua melhor performance, além de indicar as áreas de crescimento e oportunidades de superação. Ao aceitar o medo como um companheiro de jornada, podemos transformá-lo em uma força motivadora que impulsiona a coragem e a descoberta.

Na busca por confiança, é fundamental confrontar e superar os medos que podem agir como obstáculos. A coragem de enfrentar desafios, mesmo diante da incerteza, contribui significativamente para a edificação da confiança pessoal. A autoconfiança floresce quando se abraça a vulnerabilidade. Reconhecer e aceitar imperfeições, ao invés de negá-las, fortalece a autenticidade e constrói uma base mais sólida para a confiança duradoura.

A consistência também desempenha um papel crucial. O compromisso contínuo com metas e valores, mesmo diante de contratempos, constrói a confiança ao demonstrar resiliência e determinação. A confiança se desenvolve em interação com os outros. Estabelecer relações saudáveis, expressar-se de maneira assertiva e cultivar conexões positivas contribuem para a confiança interpessoal, reforçando a confiança em si mesmo.

Além disso, a capacidade de aprender com os erros é essencial. Em vez de ver falhas como fracassos definitivos, encará-las como oportunidades de crescimento fortalece a confiança ao transformar desafios em lições construtivas. Desenvolver confiança é um processo contínuo, exigindo paciência e autenticidade consigo mesmo.

Ao construir uma base sólida, confrontar medos, abraçar vulnerabilidades e aprender com experiências, é possível cultivar uma confiança robusta e duradoura.

E se der tudo errado? Na pior hipótese você vai tirar um belo aprendizado da situação, por isso que eu vou insistir para você não desistir. Você não precisa ser a sua melhor versão na primeira tentativa e também não precisa sair perfeito; ajustes e lapidações serão necessários sempre. O medo do erro frequentemente se origina da pressão social, expectativas pessoais elevadas e uma aversão à imperfeição. O erro, longe de ser um sinal de fracasso, é uma oportunidade de aprender e evoluir. Cada equívoco carrega consigo lições valiosas, proporcionando diferentes percepções sobre estratégias inadequadas, pontos fracos a serem fortalecidos e alternativas a serem exploradas. Aqueles que não temem errar estão mais propensos a experimentar, inovar e, consequentemente, aprimorar suas habilidades e conhecimentos.

A busca pela perfeição muitas vezes se revela uma armadilha, levando à procrastinação e à paralisia diante do medo de cometer erros. Em contraste, a aceitação da inevitabilidade do erro liberta a mente para a ação e a exploração criativa. Aqueles que abraçam a possibilidade de errar estão mais inclinados a assumir desafios, a testar limites e a descobrir novas abordagens para os problemas. A sociedade muitas vezes reforça a ideia de que o sucesso é definido pela ausência de falhas. No entanto, os indivíduos mais bem-sucedidos compreendem que o erro é um componente essencial do caminho para o sucesso. Aceitar o erro como parte integrante do percurso permite uma abordagem mais compassiva consigo mesmo.

A capacidade de lidar construtivamente com fracassos e contratempos é uma habilidade valiosa que contribui para a autoconfiança e a perseverança diante de desafios futuros. Aqueles que encaram o erro como um degrau na escada do crescimento desenvolvem uma mentalidade mais positiva e adaptável. Em última análise, não ter medo de errar é uma escolha consciente de abraçar a imperfeição como uma oportunidade para evoluir. É uma atitude que nutre a coragem, a resiliência e a criatividade. Ao renunciar ao medo do erro, abrimos espaço para a autenticidade, a autodescoberta e a realização pessoal duradoura.

CAPÍTULO 9

O SILÊNCIO ME CORRÓI.

Lidando com o luto

Em uma tarde de domingo qualquer você começa a notar que o silêncio da casa é incômodo, que não receber um bom-dia na segunda-feira pela manhã é desesperador e não ter com quem compartilhar o desejo enorme de comer algo específico é mais triste ainda. Você abre os olhos e nota que, realmente, você não está sonhando. Você se divorciou, alguém faleceu ou o seu filho saiu de casa. Aqueles planos, as ideias traçadas e uma série de outras expectativas chegaram ao fim. Você não sabe por onde começar, sente que perdeu o controle de tudo, e a sensação é a de não saber qual rota escolher, embora você até tenha compreendido a sua condição atual.

Muitas vezes associamos o luto à morte de um ente querido, mas outros términos também podem desencadear uma sensação de luto e isso é absolutamente normal. Embora, muitas vezes, seja difícil eliminar a dor, atravessar um período de luto faz parte do desenvolvimento humano. A nossa primeira reação é a de querer bloquear a tristeza, que muitas vezes é avassaladora e nos apavora, mas ao bloquear uma emoção, acabamos bloqueando as demais, então para não desenvolvermos outros quadros psiquiátricos futuros, como, por exemplo, depressão, uso abusivo de bebidas alcoólicas e propensão ao suicídio, o melhor a se fazer é não impedir o referido processo.

Elisabeth Kübler-Ross, uma renomada psiquiatra suíço-americana, dedicou grande parte de sua carreira ao estudo da morte e do processo de luto. Em sua obra seminal *Sobre a Morte e o Morrer*, ela propôs um modelo que descreve as etapas pelas quais muitas pessoas passam ao enfrentar uma perda significativa. Essas etapas, embora não lineares ou universalmente experimentadas, oferecem uma estrutura valiosa para compreender o intricado terreno do luto.

A primeira etapa do luto frequentemente se manifesta como negação. Diante da notícia de uma perda, é comum que as pessoas resistam à realidade do ocorrido. A negação atua como um mecanismo de defesa psicológica, um escudo temporário contra o impacto avassalador da perda. É como se a mente, diante da notícia, criasse uma barreira protetora, uma tentativa de se resguardar da magnitude emocional do momento. Nesse estágio, a pessoa pode manifestar expressões como "Isso não pode estar acontecendo" ou "Deve ser um equívoco". Essa negação não é uma rejeição consciente da realidade, mas, sim, um processo de amortecimento emocional, permitindo que a dor seja absorvida de maneira gradual. É um mergulho momentâneo em um estado de incredulidade, uma pausa temporária antes de enfrentar a contundência da perda.

A negação, contudo, não é uma fase estática; pode se manifestar intermitentemente ao longo do processo de luto. À medida que a pessoa avança nas outras etapas delineadas por Kübler-Ross, a negação pode ressurgir, como ondas que vêm e vão. Isso reflete a complexidade e a fluidez do processo de lidar com a perda. Enquanto a negação pode oferecer um alívio momentâneo, é essencial reconhecer sua natureza transitória. A progressão no luto muitas vezes exige enfrentar a realidade da perda, permitindo que as emoções fluam naturalmente. A aceitação da dor, por mais difícil que seja, é um passo crucial em direção à cura emocional. Em última análise, a negação, embora compreensível, é apenas o primeiro passo em um caminho emocionalmente desafiador. É uma resposta natural e humana à perda, mas, com o tempo, a jornada de luto convida à aceitação e à transformação. Cada pessoa navega por esse território emocional de maneira única, enfrentando a negação como parte intrínseca do processo de confrontar e assimilar a complexidade da ausência.

À medida que a realidade da perda se torna mais evidente, a raiva pode surgir como uma segunda etapa. Essa fase é caracterizada por uma variedade de emoções intensas, frequentemente direcionadas para objetos, pessoas ou até mesmo para o falecido. A raiva é uma resposta natural à sensação de impotência diante da perda. Essa fase não apenas envolve a expressão de sentimentos raivosos, mas também pode se manifestar como um questionamento intenso. "Por que isso aconteceu comigo?" ou "Por que meu ente querido foi tirado de mim?" são perguntas frequentes.

A busca por respostas pode se transformar em um ciclo de questionamentos incessantes, intensificando a raiva e o desejo de entender a lógica por trás da perda. A raiva, apesar de sua intensidade, desempenha um papel crucial no processo de luto. É um caminho para a expressão emocional, uma forma de liberar o peso do sofrimento. Ao permitir que a raiva se manifeste e seja reconhecida, a pessoa pode começar a processar as emoções subjacentes, pavimentando o caminho para a cura. No entanto, é importante notar que a raiva não é linear e pode ressurgir em momentos diferentes do luto. Pode também coexistir com outras emoções, como tristeza, confusão e desespero. A aceitação da raiva como parte integrante do processo de luto é fundamental para avançar em direção à cura emocional.

A terceira etapa, nomeada de barganha, é uma faceta complexa do processo de luto, na qual os indivíduos buscam negociar com a realidade da perda iminente ou ocorrida. Nessa fase, emerge uma tentativa intrínseca de encontrar soluções, muitas vezes dirigidas a forças superiores ou a circunstâncias externas, na esperança de reverter ou minimizar a dor emocional. A barganha reflete uma expressão profunda de vulnerabilidade e desamparo diante da inevitabilidade da perda. Pode se manifestar em promessas feitas ao destino ou a qualquer entidade que o indivíduo acredite ter controle sobre os eventos. São comuns frases como: "Se apenas pudesse ter mais tempo..." ou "Se eu fizer isso, talvez a situação mude...".

Essa fase não apenas sugere uma resistência à aceitação da realidade, mas também ilustra a natureza humana de buscar ativamente estratégias para lidar com a perda iminente. O barganhar é uma resposta instintiva ao confronto com o desconhecido, uma tentativa de restaurar a ordem percebida da vida. No entanto, a complexidade da barganha reside no fato de que, na maioria dos casos, essas negociações são irrealizáveis. A morte, por exemplo, é inalterável, e os termos propostos na barganha muitas vezes permanecem além do alcance. Essa realidade intransigente pode aprofundar a angústia emocional, levando a uma conscientização dolorosa da impotência diante da perda.

A barganha também pode desempenhar um papel significativo na relação consigo mesmo, desafiando crenças pessoais e questionando o propósito da dor. As tentativas de negociação são, em última análise, um esforço para reconciliar o sentido da vida diante de uma realidade dolorosa. A barganha revela a profundidade da busca por significado e controle em meio à turbulência emocional, guiando os indivíduos em sua jornada única de compreensão e aceitação.

A etapa de depressão pode ser definida como um mergulho intenso nas profundezas emocionais diante da perda. Neste estágio, a pessoa confronta a dura realidade da ausência do ente querido ou até mesmo de alguma outra situação específica e se vê envolvida por uma tristeza que parece penetrar os próprios ossos. A tristeza associada à fase de depressão é mais do que uma melancolia passageira; é uma experiência profunda e persistente de desespero. A pessoa se vê imersa em um oceano de emoções sombrias, enfrentando a magnitude do vazio deixado pela partida do ser amado ou de algo. Cada pensamento, cada lembrança, é tingido por uma tonalidade de melancolia, e a dor parece intransponível.

É importante notar que, embora o termo "depressão" seja utilizado nesta fase, ele não deve ser confundido com o transtorno depressivo clínico. Aqui é abordado como uma resposta emocional natural e esperada diante de uma perda significativa. É um processo doloroso e desafiador, mas não necessariamente indicativo de uma condição clínica permanente. Durante a fase de depressão, o indivíduo pode experimentar uma série de sentimentos complexos. A culpa muitas vezes se faz presente, questionando ações passadas ou ponderando sobre o que poderia ter sido feito de maneira diferente. A sensação de desamparo pode ser avassaladora, e a tristeza pode se manifestar em aspectos práticos da vida diária, como o sono e o apetite.

A necessidade de se isolar é comum nesta etapa. O indivíduo pode sentir dificuldade em se conectar com os outros, pois a tristeza se torna uma espécie de manto que envolve a existência. As interações sociais podem parecer esgotadoras, e a energia emocional é direcionada para processar internamente a dor. É crucial destacar que a fase de depressão não tem um prazo definido, e cada pessoa a percorre de maneira única. O apoio emocional, seja por meio de amigos, familiares ou profissionais de saúde mental, desempenha um papel crucial durante esse período. À medida que a pessoa enfrenta e integra a tristeza, abre-se espaço para a eventual transição para a última fase, a aceitação, em que a compreensão e aceitação da nova realidade começam a surgir.

A última etapa, aceitação, representa um ponto culminante no complexo processo do luto. Esse estágio não deve ser entendido como um estado de felicidade ou esquecimento, mas sim como um ponto em que a pessoa começa a integrar a perda de uma maneira que permite seguir adiante na jornada da vida. Aceitação não implica a ausência de dor, mas sim um reconhecimento profundo da realidade da perda. É o momento em que a pessoa confronta e aceita a irreversibilidade da mudança que a perda trouxe à sua vida. Nesse estágio, as emoções podem não ser tão intensas quanto nas fases anteriores, mas a tristeza e a saudade ainda podem estar presentes.

A aceitação é um processo ativo e dinâmico. Envolve não apenas aceitar a perda em si, mas também começar a adaptar-se a uma vida que agora inclui a ausência do ente querido ou de algo. Isso pode implicar ajustes em planos futuros, redefinição de identidade e a criação de novos significados para a vida após a perda. É comum que a aceitação não seja instantânea. Pode ser um processo gradual, marcado por avanços e recuos. Às vezes, a pessoa pode experimentar momentos de resistência ou tristeza profunda, mesmo depois de ter entrado na fase de aceitação. Isso é perfeitamente normal, pois o luto é uma jornada complexa e individual.

A aceitação não significa esquecer o ente querido ou apagar as memórias compartilhadas. Pelo contrário, envolve a capacidade de incorporar essas memórias à narrativa da própria vida, honrando o legado de quem partiu. É a habilidade de viver de maneira significativa, apesar da ausência, e de encontrar um novo equilíbrio emocional. Por fim, é uma lembrança de que, mesmo diante da perda, é possível encontrar um caminho para a renovação e a reconstrução da vida. A aceitação não encerra o luto, mas abre portas para uma jornada transformadora em direção a uma nova normalidade.

É fundamental ressaltar que essas etapas não são sequenciais e podem ser experimentadas de maneiras diferentes por cada indivíduo. Além disso, nem todos passam por todas as fases, e o luto é um processo altamente individualizado. Pode haver sobreposição de emoções e as etapas podem ser revisitadas ao longo do tempo, ou seja, é crucial reconhecer a complexidade e singularidade de cada experiência. O luto não segue um roteiro rígido e cada pessoa tece sua narrativa única de enfrentamento da perda, buscando eventualmente encontrar um sentido renovado na jornada da vida.

O tempo será o seu melhor aliado nesse momento. Não se pressione para ultrapassar essas etapas de forma rápida e nem se compare com ninguém. Não existe maneira correta e nem um manual de instruções. Utilize esse aprendizado de maneira confortável, sem expectativas, pois elas só dificultam o luto. Foque nos pequenos passos, dia após dia, mas não desista deles. Buscar ajuda profissional pode ser uma alternativa interessante e isso não significa que você não tenha capacidade para encarar tal situação sozinho, mas o atendimento psicológico ocorre em um espaço sagrado, onde as palavras encontram abrigo e os pensamentos se desenrolam sem julgamentos. É um ambiente protegido, meticulosamente construído para proporcionar segurança ao paciente que busca expressar suas mais profundas inquietações.

CAPÍTULO 10

PERDI O CONTROLE DE TUDO.

Resiliência e garra

Aos poucos, você evolui, mas nota uma necessidade enorme de conseguir tolerar frustrações, ter muito mais flexibilidade, desenvolver a habilidade de resolver problemas e implementar o seu lado empático de forma exímia, afinal, ninguém tem a ver com o seu sofrimento. Nesse momento, você nota mais uma vez que, de fato, não tem controle de nada e que precisará seguir firme e forte de qualquer jeito. A dificuldade em aceitar a falta de controle muitas vezes é agravada pela sociedade contemporânea, que valoriza a autonomia e a independência.

A pressão para ser capaz de gerenciar todas as áreas da vida pode criar um ciclo de autocrítica e frustração quando as coisas escapam ao controle, exacerbando ainda mais uma espécie de esgotamento mental. Querendo ou não, conseguindo ou não. Aqui você começa a desenvolver um grande poder, chamado resiliência. Indo um pouco além você também vai precisar de muita garra.

A resiliência e a garra estão interconectadas e compartilham elementos que refletem a força mental e emocional das pessoas diante de desafios. Ambos os conceitos estão associados à capacidade de enfrentar adversidades e persistir na busca por metas, mesmo em situações difíceis. Resiliência refere-se à capacidade de se recuperar de dificuldades, adaptar-se a mudanças e enfrentar situações adversas com flexibilidade emocional. É a habilidade de lidar eficazmente com o estresse e as pressões da vida. Garra, por outro lado, está relacionada à determinação e persistência na consecução de metas. Envolve a disposição de enfrentar desafios, manter o foco e perseverar mesmo quando confrontado com obstáculos.

Tanto a resiliência quanto a garra requerem uma sólida força mental e emocional. A resiliência capacita a pessoa a se recuperar emocionalmente de contratempos, enquanto a garra impulsiona a pessoa a seguir em frente, mesmo quando o caminho é árduo. A resiliência está intimamente ligada à capacidade de se adaptar a mudanças e aprender com experiências desafiadoras. A pessoa resiliente não apenas supera dificuldades, mas também cresce e se desenvolve com base nessas experiências. A garra contribui para a busca ativa de objetivos e metas, mesmo quando o progresso pode ser lento. Ela impulsiona a pessoa a aprender com os desafios, ajustar estratégias e persistir na jornada.

Ambos os conceitos estão associados a uma mentalidade positiva. A resiliência envolve cultivar uma perspectiva otimista diante das adversidades, enquanto a garra implica acreditar na própria capacidade de superar desafios. A autodisciplina é uma característica intrínseca à garra, pois é necessária para manter o compromisso e o esforço contínuo na busca por objetivos. A resiliência, por sua vez, apoia a autodisciplina ao ajudar a pessoa a se recuperar rapidamente de contratempos.

A psicóloga Angela Duckworth, em sua obra *Garra*, mergulha nas profundezas da determinação e resiliência, explorando os elementos cruciais que definem o sucesso. Em uma análise minuciosa, Duckworth desafia a ideia tradicional de que talento inato é o principal precursor do êxito, destacando que a garra, um misto de paixão e perseverança, é, na verdade, um fator mais determinante. A autora inicia sua exploração revelando pesquisas que demonstram que a garra supera talento e QI como preditor do desempenho excepcional. A tese central sustenta que a perseverança, aliada à paixão a longo prazo por uma meta, é o que distingue os indivíduos que atingem resultados extraordinários.

Outro foco significativo de suas pesquisas foi o campo militar, onde ela estudou candidatos da Academia Militar de West Point. Seu trabalho revelou que, independentemente da inteligência ou habilidades físicas, a garra desempenhava um papel vital na retenção e no sucesso dos cadetes. Os que demonstravam maior paixão e perseverança eram mais propensos a superar os desafios intensos e a concluir o treinamento. Em esportes, Duckworth também examinou como a garra influencia atletas de elite. Ela descobriu que, muitas vezes, a determinação e a resiliência eram mais cruciais do que o talento natural para alcançar o sucesso de longo prazo. A persistência e o comprometimento superavam as limitações iniciais e levavam a conquistas extraordinárias.

Além disso, suas pesquisas estenderam-se ao mundo corporativo, onde analisou a relação entre a garra e o desempenho profissional. Ela constatou que a paixão e a persistência eram características valiosas que transcendiam setores e profissões, influenciando o sucesso em diversas carreiras. Um outro conceito fundamental apresentado é o "esforço conta duas vezes", em que a garra não apenas motiva a prática contínua, mas também atua como um fator multiplicador do talento.

A expressão "esforço conta duas vezes" encapsula um conceito fundamental sobre a interação entre esforço, talento e sucesso. Essa ideia representa a crença de que o esforço não é apenas um componente necessário para o desenvolvimento de habilidades, mas também um multiplicador do talento inato. Duckworth argumenta que a maioria das pessoas, ao considerar o caminho para o sucesso, tende a focar excessivamente na genialidade inata, muitas vezes associada ao talento natural. No entanto, ela destaca que o talento sozinho não é suficiente para garantir o êxito a longo prazo. O que realmente importa, segundo ela, é o esforço consistente e direcionado ao longo do tempo.

A analogia "esforço conta duas vezes" sugere que o ato de se dedicar a aprimorar uma habilidade ou alcançar uma meta não só contribui para o desenvolvimento direto dessa habilidade, mas também potencializa o talento que se possui. Em outras palavras, o esforço não é apenas um facilitador para adquirir competências, mas também um catalisador que amplifica as capacidades inatas. Duckworth baseia essa conclusão em suas extensas pesquisas, que incluem estudos sobre o desempenho de pessoas em diversas áreas, desde educação até esportes e negócios. Seu argumento desafia a concepção tradicional de que o talento é a variável mais crucial para o sucesso, destacando que indivíduos excepcionais muitas vezes alcançam seus feitos notáveis devido à sua persistência incansável e ao comprometimento contínuo.

A mensagem central é clara: enquanto o talento pode ser um ponto de partida, o verdadeiro diferencial é o quanto alguém está disposto a investir de forma consistente e intensa em seus objetivos. A garra, que envolve paixão e perseverança a longo prazo, é, portanto, o ingrediente secreto que transforma o esforço em uma força multiplicadora do talento. Duckworth examina as complexidades da paixão e como ela pode se transformar em uma força motriz poderosa quando alinhada a metas de longo prazo. Ela discute a importância de cultivar a habilidade de se levantar após falhas, transformando adversidades em oportunidades de aprendizado e crescimento. Por fim, a maestria não é um evento isolado, mas um processo contínuo moldado por escolhas diárias.

A resiliência e a garra representam dimensões complementares da força psicológica e emocional. A capacidade de superar desafios, adaptar-se a mudanças e persistir na busca por metas está intrinsecamente entrelaçada, formando um alicerce robusto para o crescimento pessoal e a conquista de objetivos. Ambos os conceitos destacam a importância da mentalidade positiva, da aprendizagem com a adversidade e da determinação em face das dificuldades.

Você deve estar se perguntando se é possível, então, aumentar a sua garra. Sim, isso é possível e eu quero te deixar esse convite, pois é bem provável que quanto maior a sua garra melhor a sua qualidade de vida emocional, porém eu não estou dizendo que somente a garra será o fator decisivo para o seu desenvolvimento pessoal; com certeza, há necessidade de outras qualidades, mas uma maneira eficaz de compreender a garra é considerar sua interconexão com outros aspectos do caráter. Ter garra implica perseguir um objetivo que seja, ao mesmo tempo, envolvente e significativo. É mergulhar de cabeça em uma atividade desafiadora, além de cair inúmeras vezes e não desistir. Eu listei dez possibilidades para você refletir, não há necessidade de implementar todas ao mesmo tempo, comece aos poucos e, quando se sentir preparado, adicione um novo desafio.

1. **Defina objetivos claros e significativos:** Estabeleça metas que sejam tanto desafiadoras quanto significativas para você. Objetivos claros proporcionam um propósito tangível, alimentando a paixão e orientando o esforço persistente.
2. **Cultive uma mentalidade de crescimento:** Adote uma mentalidade de crescimento, entendendo que habilidades e talentos podem ser desenvolvidos através do esforço contínuo e aprendizado. Isso cria uma base sólida para a perseverança.
3. **Foque no processo, não apenas no resultado:** Concentre-se no processo de trabalho em direção aos seus objetivos, valorizando cada etapa. A apreciação do percurso ajuda a manter a motivação, mesmo diante de desafios.
4. **Estabeleça hábitos produtivos:** Desenvolva rotinas que apoiem seus objetivos. Hábitos consistentes criam uma base estável para o esforço contínuo, tornando a jornada mais sustentável.
5. **Encare a adversidade como oportunidade:** Veja os desafios como oportunidades de crescimento. A garra é alimentada quando se encara as dificuldades como parte integrante do caminho para o sucesso.
6. **Mantenha a flexibilidade e a adaptação:** Esteja disposto a ajustar suas abordagens conforme necessário. A capacidade de se adaptar diante de obstáculos fortalece a perseverança, permitindo superar adversidades de maneira eficaz.
7. **Cultive o autodiscernimento:** Desenvolva a capacidade de entender suas próprias motivações e necessidades. Um pro-

fundo autoconhecimento ajuda a direcionar a paixão de maneira mais eficaz.

8. **Busque apoio:** Conecte-se com pessoas que compartilham seus objetivos ou que podem oferecer orientação. O apoio social é uma fonte valiosa de estímulo, enquanto comentários construtivos podem orientar a melhoria contínua.
9. **Celebre pequenas conquistas:** Reconheça e celebre os sucessos, mesmo os menores. Isso não apenas reforça a motivação, mas também proporciona um impulso positivo para manter a garra ao longo do tempo.
10. **Cultive a resiliência emocional:** Desenvolva habilidades para lidar com fracassos e adversidades emocionais. A resiliência emocional é essencial para manter a paixão e a perseverança em face de desafios imprevistos.

CAPÍTULO 11

ESTOU COMPLETAMENTE EXAUSTO.

Manejando o estresse

Prazos no trabalho, pendências da escola do seu filho, cobranças familiares, itens em aberto para resolver da sua residência, lista enorme de supermercado, um pouco de angústia por não dar conta de tudo, não saber por onde começar e por não saber o que será do seu futuro? É bem provável que essa dificuldade na priorização e estruturação das tarefas diárias esteja te causando um estresse enorme, além de uma grande sensação de descontrole. Cada um o vivencia de uma forma; para alguns pode ser estressante ficar em uma fila de um banco e outros podem se sentir exaustos após perderem o emprego e não saberem como pagar a parcela de sua residência. De qualquer forma, o estresse sempre estará presente; é impossível removê-lo de uma vida com propósitos. O principal desafio é saber conduzi-lo para que ele não te adoeça.

Ao pensar em comportamentos que nos permitem interagir com o mundo de uma maneira adaptada, pode-se atentar aos grandes desafios envolvidos na resolução de um comportamento orientado a um determinado objetivo. O conjunto de habilidades cognitivas que nos permitem direcionar comportamentos a metas, avaliar a eficiência e a adequação desses comportamentos, eleger estratégias adequadas visando resolver problemas é denominado de funções executivas. Tais habilidades estão presentes no controle e na regulação de outros processos comportamentais, os quais abrangem emoção e cognição, e são requisitadas sempre que o sujeito se compromete com determinadas tarefas ou situações novas, sem conhecimento prévio. Para além, referem-se a um conjunto de habilidades mentais de alto nível que facilitam o planejamento, a organização, a tomada de decisões e o controle de impulsos. Essas funções desempenham um papel crucial na regulação do comportamento e na adaptação a situações desafiadoras, como, por exemplo, as mencionadas anteriormente.

Já o estresse é uma resposta fisiológica e psicológica a eventos percebidos como ameaçadores ou desafiadores. Quando você enfrenta situações estressantes, várias áreas do cérebro, incluindo aquelas associadas às funções executivas, podem ser impactadas. O córtex pré-frontal, uma região-chave das funções executivas, é especialmente sensível ao estresse. Uma das formas pelas quais o estresse influencia as funções executivas é através da liberação de hormônios do estresse, como o cortisol. Níveis elevados de cortisol, que são característicos de períodos prolongados de estresse, podem prejudicar a função do córtex pré-frontal, comprometendo a capacidade de raciocínio lógico, memória de trabalho e tomada de decisões eficaz.

Além disso, o estresse crônico pode levar a mudanças estruturais no cérebro, afetando a plasticidade neuronal e a comunicação entre diferentes áreas cerebrais. Essas alterações estruturais podem ter implicações diretas nas funções executivas, contribuindo para dificuldades na regulação emocional, no planejamento de tarefas e na resolução de problemas.

As funções executivas também desempenham um papel na modulação da resposta ao estresse. Indivíduos com habilidades eficazes de regulação emocional e controle de impulsos podem lidar melhor com situações estressantes, enquanto aqueles com deficiências nas funções executivas podem enfrentar desafios adicionais para gerenciar o estresse de maneira adaptativa. A relação entre funções executivas e estresse é bidirecional. Se, por um lado, o estresse pode impactar negativamente as funções executivas, por outro lado, indivíduos com habilidades deficientes nessas funções podem ser mais suscetíveis a experimentar estresse crônico. A capacidade de planejar, organizar e regular as emoções desempenha um papel crucial na adaptação a desafios diários e na prevenção do acúmulo de estresse.

As funções executivas desempenham um papel central e abrangente na vida adulta, influenciando uma variedade de aspectos que vão desde a realização profissional até a qualidade dos relacionamentos interpessoais. Essas capacidades cognitivas superiores, que envolvem processos como controle inibitório (relacionado ao autocontrole e abarca a capacidade de resistir a uma determinada tarefa em detrimento de outra para poder executar o que é mais apropriado ou necessário), memória de trabalho (habilidade para relacionar diferentes ideias e/ou partes diversas de uma leitura, fazer cálculos mentais, lembrar sequências ou ordens de acontecimentos, relacionar passado e presente, e considerar fatos e ideias a partir de diferentes perspectivas) e flexibilidade cognitiva (necessidade de ser flexível o suficiente para se adaptar às demandas e prioridades quando estas mudarem, para admitir situações em que houve algum erro e para aproveitar as oportunidades não planejadas), desempenham um papel crucial na regulação do comportamento e na tomada de decisões.

No âmbito profissional, as funções executivas são essenciais para o sucesso no ambiente de trabalho. A capacidade de definir metas, planejar estratégias eficazes, manter o foco em tarefas complexas e ajustar abordagens quando necessário são componentes-chave para alcançar metas profissionais e prosperar em ambientes profissionais dinâmicos. Indivíduos com habilidades executivas bem desenvolvidas muitas vezes demonstram maior eficiência no gerenciamento de tempo, resolução de problemas e adaptação a mudanças no ambiente de trabalho. Em resumo, essas são as habilidades essenciais que todo profissional precisa desenvolver para se destacar em sua carreira.

A capacidade de controlar impulsos, gerenciar o estresse e manter a atenção em situações desafiadoras contribui significativamente para a resiliência emocional. Indivíduos com funções executivas bem desenvolvidas muitas vezes enfrentam melhor os altos e baixos da vida, lidando de maneira mais eficaz com adversidades e mantendo uma saúde mental mais robusta. No contexto das relações interpessoais, as funções executivas também são fundamentais. A empatia, a capacidade de compreender as emoções dos outros, a comunicação eficaz e a resolução de conflitos são aspectos sociais que estão intrinsecamente ligados às funções executivas. Indivíduos com essas habilidades bem desenvolvidas conseguem construir relacionamentos mais saudáveis e duradouros, demonstrando maior capacidade de compreensão e adaptação em ambientes sociais diversos.

A importância das funções executivas é evidenciada ainda na autonomia e na independência funcional. A capacidade de organizar tarefas diárias, manter responsabilidades financeiras, gerenciar a casa e lidar com compromissos pessoais depende diretamente das funções executivas. Indivíduos com um conjunto sólido dessas habilidades enfrentam menos desafios ao lidar com as complexidades da vida cotidiana, promovendo um maior senso de eficácia pessoal e bem-estar.

Por fim, as funções executivas não são apenas cruciais para o desenvolvimento cognitivo durante a infância e a adolescência, mas também são fundamentais para o funcionamento bem-sucedido na vida adulta. Elas permeiam todas as esferas da vida, desde o ambiente profissional até as relações pessoais e a saúde mental, destacando sua relevância contínua ao longo do ciclo de vida humano. Investir no aprimoramento e na preservação das funções executivas na idade adulta pode ter impactos significativos na qualidade de vida e no sucesso em diversas áreas.

Adote o hábito de criar listas de tarefas e utilize diferentes cores para setorizar as informações, blocos coloridos poderão ajudar. Você pode direcionar o azul para itens do trabalho, o verde para itens da sua família e assim por diante. O mesmo também vale para canetas coloridas. Essas ferramentas visuais ajudam na organização e na memória de trabalho, aliviando a carga cognitiva. Ao enfrentar tarefas complexas, divida-as em passos menores e mais gerenciáveis. Isso facilita a abordagem sistemática, estimulando a flexibilidade cognitiva. Estimule o cérebro com jogos e exercícios mentais que desafiem a memória, a tomada de decisões e a resolução de problemas. Essas atividades promovem a plasticidade cerebral.

A exposição a novas situações e a busca constante por aprendizado desafiam o cérebro, promovendo a adaptação e o desenvolvimento de habilidades executivas. Interagir com outras pessoas promove a empatia e a compreensão emocional, aspectos cruciais das funções executivas relacionadas à autorregulação.

CAPÍTULO 12

MUITAS IDEIAS EM MENTE.

Nem tudo é TDAH

Você pegou o celular para fazer uma transferência bancária, mas quando se deu conta estava em outro aplicativo ou até mesmo conversando com alguém? Com a mente agitada e cheia de autocobranças, você, facilmente, vai acabar desviando a sua atenção para outras coisas. Essa dificuldade de concentração costuma ocorrer diante de grandes preocupações e estresse, mas a falta de atenção esporádica não deve ser automaticamente associada a um déficit de atenção. A mente humana é dinâmica e reage a uma variedade de influências, e a ocorrência ocasional de distração é uma característica normal da experiência cognitiva. O meu objetivo aqui é que você não utilize um quadro cognitivo como fuga dos seus problemas emocionais e justificativa por não se sentir no controle da situação. Não vamos mascarar a realidade. Quero que você evolua em todos os aspectos, então precisamos ter um olhar atento ao que a sociedade prega atualmente. No consultório, noto muitas pessoas buscando conforto em diagnósticos psiquiátricos apenas para não encararem o processo de psicoterapia, ou seja, o autoconhecimento. Este sim, será o seu maior aliado, mas você precisará ser forte para mergulhar nas profundezas do seu eu.

A falta de atenção, um fenômeno comum em diversos contextos da vida, nem sempre deve ser interpretada como um sinal de déficit de atenção. Muitos fatores podem influenciar a capacidade de concentração, e a ocorrência ocasional de distração não necessariamente indica um problema neurológico subjacente. É natural que, em determinadas situações, a atenção possa vagar ou ser desviada por estímulos externos, preocupações momentâneas ou até mesmo fatores ambientais. A complexidade das demandas diárias, juntamente com o constante influxo de informações provenientes de dispositivos eletrônicos e do ambiente circundante, pode contribuir para episódios transitórios de falta de atenção.

É crucial reconhecer que a mente humana não opera como uma máquina perfeita de foco constante. Distrações são parte integrante da experiência cognitiva e, em muitos casos, são adaptativas, permitindo que o cérebro ajuste sua atenção conforme necessário para atender às demandas em constante mudança. Por vezes, a falta de atenção pode ser atribuída a fatores externos, como cansaço, estresse, monotonia ou falta de interesse na tarefa em questão. As emoções também desempenham um papel significativo na regulação da atenção, podendo influenciar a capacidade de concentração.

No entanto, é importante distinguir entre lapsos momentâneos de atenção e padrões persistentes de falta de concentração que interferem significativamente nas atividades diárias. O Transtorno de Déficit de Atenção e Hiperatividade (TDAH) é uma condição neurológica caracterizada por dificuldades crônicas na atenção, impulsividade e hiperatividade, afetando a qualidade de vida e a funcionalidade. Portanto, ao reconhecer episódios ocasionais de falta de atenção, é fundamental considerar o contexto, os fatores ambientais e emocionais, bem como a frequência e intensidade desses lapsos. Se persistirem ou causarem impacto significativo nas atividades diárias é imprescindível que você busque orientação profissional para avaliar a presença de possíveis condições médicas ou psicológicas.

A constante inundação de estímulos visuais, sonoros e informativos que vivemos atualmente pode contribuir para uma sensação de descontrole, em que cada novo elemento parece competir pela atenção, fragmentando-a ainda mais. O desenho das plataformas de redes sociais muitas vezes prioriza a maximização do tempo de uso, utilizando algoritmos que apresentam constantemente novos conteúdos, notificações e interações. Esse ambiente digital dinâmico pode resultar em uma dispersão constante da atenção, dificultando a concentração em tarefas importantes. O ciclo interminável de atualizações e notificações pode criar uma sensação de urgência, induzindo a uma resposta imediata e fragmentando ainda mais a capacidade de foco.

A busca incessante por novidades, a comparação social e a exposição a uma variedade infinita de informações podem contribuir para uma sensação de sobrecarga cognitiva. A mente, constantemente bombardeada por estímulos variados, pode se tornar incapaz de manter o foco em uma única atividade por períodos prolongados. Esse fenômeno é muitas vezes exacerbado pela constante acessibilidade às redes sociais por meio de dispositivos móveis, o que implica que a tentação de verificar notificações está sempre à mão. Passamos grande parte do dia consultando inúmeros aplicativos e, em muitos momentos, nos comunicamos com os demais através de fotos, frases e até mesmo músicas.

A falta de foco resultante do uso intensivo das redes sociais pode ter implicações significativas na produtividade, no bem-estar emocional e nas relações interpessoais. O tempo dedicado a essas plataformas muitas vezes se converte em horas que poderiam ser direcionadas para atividades mais significativas e concentradas. Recuperar o foco em meio ao turbilhão de estímulos das redes sociais requer uma abordagem consciente. Estabelecer limites de tempo para o uso, desativar notificações desnecessárias e cultivar práticas de atenção plena são estratégias que podem ajudar a mitigar os efeitos prejudiciais da sobrecarga digital. A conscientização sobre a necessidade de equilibrar a conectividade com a atenção às demandas do mundo real é essencial para preservar a clareza mental e a capacidade de concentração em um ambiente cada vez mais digitalizado.

A falta de foco também pode ser um sintoma de uma sociedade que valoriza a multitarefa, fazendo com que as pessoas se sintam pressionadas a lidar com diversas tarefas simultaneamente, prejudicando a qualidade da atenção em cada uma delas. A natureza incessante das preocupações diárias cria uma sobrecarga mental, onde a mente está constantemente ocupada com antecipações sobre eventos futuros. Esse estado mental constante pode resultar em dificuldade para manter a atenção em uma única atividade, pois a mente está dividida entre as demandas do presente e as inquietações sobre o futuro.

A falta de foco induzida por preocupações diárias muitas vezes é agravada pela tendência humana de tentar resolver mentalmente problemas ou antecipar situações futuras. Isso cria um ciclo de pensamentos incessantes que competem pela atenção, dificultando a imersão em uma tarefa específica. A ansiedade, em particular, pode levar a uma hiperatividade mental, onde a mente está constantemente em movimento, pulando de uma preocupação para outra, prejudicando a coesão do pensamento.

Quando a ansiedade está presente, a mente frequentemente se torna uma paisagem tumultuada, repleta de pensamentos intrusivos e antecipações negativas. Esse estado mental agitado dificulta a tarefa de manter a atenção em uma única atividade, pois a mente está constantemente dividida entre as preocupações do futuro e as demandas do presente. Pode ser difícil iniciar ou concluir tarefas, e a mente pode vagar incessantemente, pulando de uma preocupação para outra. A capacidade de absorver informações e processá-las de maneira eficaz pode ser comprometida, levando a lapsos de atenção e dificuldades de concentração.

Além disso, a ansiedade muitas vezes está associada a sintomas físicos, como tensão muscular e agitação, que podem aumentar a sensação de desconforto e distração. Essa resposta física ao estresse contribui para a sensação de falta de foco, pois o corpo e a mente estão em um estado de alerta constante. O ciclo entre ansiedade e falta de foco pode se alimentar mutuamente. A preocupação constante pode levar à dispersão da atenção, enquanto a dificuldade em manter o foco pode aumentar os níveis de ansiedade. É importante reconhecer essa interconexão para abordar eficazmente ambas as questões.

As redes sociais frequentemente apresentam uma versão idealizada da vida de outras pessoas. A constante exposição a vidas aparentemente perfeitas pode gerar ansiedade, pois os usuários se comparam aos padrões inatingíveis que são exibidos, além de potencializar a sensação de descontrole. A busca por validação social e o medo de ficar aquém desses padrões podem contribuir para níveis elevados de ansiedade e depressão. A exposição constante a informações estressantes ou alarmantes pode levar a um estado de alerta constante, afetando negativamente a saúde mental e a capacidade de concentração.

Gostaria de deixar um último alerta. Caso você esteja sofrendo, busque um acompanhamento psicoterápico. Nesse ambiente confidencial, você estará livre para explorar os recantos mais profundos de sua mente, desvendando camadas de pensamentos e emoções muitas vezes negligenciadas. É um espaço onde a confiança é tecida delicadamente entre o profissional e você, criando um vínculo fundamental para o crescimento emocional. Em última análise, o atendimento psicológico é um santuário para a expressão genuína do eu. É um espaço protegido onde a jornada do autoconhecimento se desdobra com segurança e respeito, proporcionando uma liberdade de se abrir sem medo, rumo à compreensão e transformação.

CAPÍTULO 13

EXCESSO DE PENSAMENTOS NO HORÁRIO DE DORMIR.

Aceite desligar

Existem dias que você só pensa em se deitar e descansar, mas de repente nota que está há mais de duas horas pensando em muitas coisas. Você não acha nenhuma posição na cama, busca um copo de água, vai ao banheiro, mexe no celular, mas nada adianta. O seu maior desejo é resolver tudo naquele exato momento, mas mesmo sabendo que não é viável você não consegue desligar. Nessa situação de inquietude noturna, as preocupações do dia, os planos para o futuro, os arrependimentos do passado e até mesmo as trivialidades parecem ganhar uma vida própria, rodopiando em uma dança incessante que impede o sono. No fundo você está com receio de perder o controle da situação e aceitar a incerteza. O resultado de tudo isso é uma noite estressante e agitada e no dia seguinte uma sensação de fraqueza e cansaço.

A mente humana é configurada para resolver problemas e buscar soluções. Durante o dia, essa capacidade é uma vantagem, ajudando-nos a navegar por desafios e a tomar decisões importantes. No entanto, à noite, esse impulso pode transformar-se em um obstáculo. Sem tarefas externas para focar, a mente pode virar-se para dentro, revisitando conversas, reimaginando cenários ou criando problemas para resolver. Esse estado de hiperatividade mental à noite pode ser exacerbado pela nossa relutância em liberar o controle e aceitar que nem todas as variáveis da vida estão sob nosso domínio.

Essa dificuldade em desligar-se das exigências do controle pode ser ainda mais intensificada em pessoas que enfrentam alto nível de estresse ou que estão passando por períodos de mudanças significativas ou incerteza. Em um esforço para manter algum senso de ordem, a mente busca incessantemente por soluções, mesmo quando não há ações imediatas a serem tomadas. Esse comportamento, embora compreensível, pode ser uma grande fonte de estresse, em que o medo de perder o controle alimenta ainda mais a atividade mental, criando um ambiente pouco propício ao relaxamento necessário para um sono reparador.

No ambiente de trabalho moderno, por exemplo, as expectativas de estar sempre disponível e conectado, somadas a prazos apertados e uma carga de trabalho intensa, podem levar os indivíduos a se sentirem como se estivessem constantemente sob pressão. Essa percepção de estar sempre "ligado" se estende para além do escritório, invadindo o espaço pessoal e o tempo destinado ao descanso e recuperação. Adicionalmente, o desafio de equilibrar responsabilidades profissionais com compromissos familiares e pessoais pode fazer com que muitos se sintam incapazes de atender a todas as demandas, reforçando a sensação de falta de controle. Esse sentimento de ser puxado em múltiplas direções muitas vezes continua a ecoar na mente durante a noite, impedindo o sono restaurador e necessário.

Para aqueles que lutam para desligar-se à noite, os momentos de quietude podem se transformar em sessões involuntárias de ruminação, onde preocupações são repetidamente analisadas sem resolução. A preocupação com a incapacidade de dormir pode fazer com que o quarto, que deveria ser um santuário de paz, torne-se um palco de agitação e frustração. Conforme abordado no capítulo anterior, mas aprofundando um pouco mais, quando navegamos incessantemente pelas redes sociais, estamos constantemente absorvendo uma enxurrada de informações, imagens e conversas. Esse fluxo contínuo pode ser estimulante, mas também esmagador.

Cada notificação, cada nova postagem, demanda nossa atenção e resposta, mantendo nosso cérebro em um estado de alerta constante. Esse estado de hiperconectividade não apenas consome nosso tempo e energia, mas também pode gerar uma sensação de que estamos perdendo o controle sobre nossas próprias vidas e prioridades. Fica cada vez mais difícil distinguir entre o que é urgente e o que é importante, e essa confusão pode desencadear um grande nível de estresse.

O uso excessivo das redes sociais se tornou uma das características mais marcantes da vida contemporânea, influenciando significativamente nossas emoções e comportamentos diários. A facilidade de acesso e a constante atualização de conteúdo criam um ambiente digital extremamente envolvente, mas também potencialmente opressivo. Enquanto nos mantemos conectados, recebemos um fluxo ininterrupto de informações, opiniões e imagens que podem despertar uma ampla gama de emoções, desde alegria e entusiasmo até inveja, ansiedade e tristeza. Muitos usuários de redes sociais experimentam a dificuldade de se desligar, mesmo quando reconhecem que o tempo gasto está afetando negativamente seu bem-estar. A estrutura das plataformas, com notificações constantes e novos conteúdos sendo sempre destacados, cria um ciclo viciante, em que cada curtida ou comentário pode disparar uma resposta emocional que nos leva a querer mais.

Essa dinâmica pode fazer com que nos sintamos fora de controle, especialmente quando percebemos que o tempo dedicado às redes sociais está prejudicando outras áreas de nossa vida, como trabalho, estudos ou relações pessoais. Lidar com as emoções geradas por esse uso excessivo exige uma abordagem consciente e medidas práticas para restabelecer um equilíbrio saudável. A natureza das interações e do conteúdo acessado nas redes sociais pode alimentar preocupações e pensamentos negativos. Comparar-se com os destaques cuidadosamente curados das vidas dos outros pode levar a sentimentos de inadequação e insatisfação. Essas emoções, quando levadas para a cama, transformam o que deveria ser um refúgio em uma arena de autocrítica e ruminação. Perder o controle sobre o uso das redes sociais à noite também pode significar perder o controle sobre os pensamentos e preocupações que decidimos levar para o quarto. O ciclo de checar continuamente as redes sociais pode reforçar padrões de pensamento que focam em medos e incertezas.

Para mitigar esses efeitos e recuperar o controle, é crucial estabelecer limites claros para o uso de dispositivos eletrônicos e redes sociais, especialmente à noite. Isso pode incluir desligar dispositivos uma ou duas horas antes de dormir, usar modos de tela que minimizem a exposição à luz azul, e criar uma rotina noturna que promova relaxamento e preparo para o sono, livre de interrupções digitais. Práticas como leitura, meditação, ou simplesmente conversar com um ente querido podem ajudar a mente a desacelerar e a entrar em um estado mais propício ao sono.

Outro tópico que também contribui para o excesso de pensamentos ao deitar é a grande preocupação com a saúde e doenças futuras, afinal de contas, atualmente, os relógios também nos monitoram, constantemente, sobre o nosso estado físico. O impacto dessa preocupação na qualidade do sono é considerável. Deitar-se para dormir muitas vezes se transforma em um momento para a mente repassar diagnósticos, sintomas, tratamentos futuros ou consequências de um estado de saúde. Esse excesso de pensamentos gera um estado de alerta que é diametralmente oposto ao relaxamento necessário para que o sono ocorra naturalmente. A escuridão e o silêncio da noite, longe de serem reconfortantes, podem se tornar um pano de fundo para um desfile de cenários preocupantes.

A percepção de falta de controle sobre a própria saúde amplifica essas inquietações. Muitas doenças têm um componente imprevisível, e mesmo condições crônicas bem gerenciadas podem apresentar flutuações que são difíceis de prever. Essa incerteza pode manifestar-se como uma sensação de impotência, na qual a pessoa percebe que não tem controle sobre seu próprio corpo. Essa percepção pode ser particularmente angustiante, pois vai contra o desejo humano fundamental de segurança e estabilidade.

O medo de não ter controle também pode levar a comportamentos compulsivos de monitoramento, como pesquisas frequentes na internet sobre sintomas de doenças, visitas repetidas a médicos, ou obsessão por sinais vitais, que, ao invés de trazerem alívio, muitas vezes exacerbam a ansiedade. Esse ciclo vicioso entre a preocupação, a busca por controle e a interrupção do sono é um caminho comum para o desenvolvimento ou agravamento de distúrbios de ansiedade e insônia. Por fim, praticar a aceitação pode ser uma ferramenta poderosa. Reconhecer que não se pode controlar tudo e que a preocupação excessiva é contraproducente pode liberar energia mental e emocional. Aprender a viver com um certo grau de incerteza pode não apenas melhorar a qualidade do sono, mas também a qualidade de vida como um todo.

CAPÍTULO 14

QUERO DEIXAR PARA AMANHÃ.

Os males da procrastinação

Pare de procrastinar! Parece que temos uma necessidade de encontrar o melhor dia, horário e local para tomar determinadas atitudes. Criamos uma falsa ilusão de que esse dia irá chegar e tudo sairá conforme o esperado se seguirmos esses padrões preestabelecidos em nossa mente. Na verdade, temos grande receio de mudar de opinião e de precisar recuar, mas não tenha medo de pensar e de alterar rotas já estabelecidas. Você só vai amadurecer quando se deparar com a necessidade de refazer os planos mesmo diante da escuridão, ou seja, diante do novo e do desconhecido.

O fato de adiar tarefas importantes pode ser uma estratégia temporária para evitar o desconforto imediato associado ao enfrentamento de um problema. A resolução de problemas muitas vezes demanda esforço, tomada de decisões e, por vezes, confronto com situações desconfortáveis. Além disso, a procrastinação pode estar relacionada à gestão do tempo e à percepção de prioridades. Quando a capacidade de definir e seguir uma lista de prioridades está comprometida, as tarefas podem ser adiadas em prol de atividades mais imediatas, mas talvez menos relevantes.

Adiar uma tarefa pode proporcionar alívio temporário, embora, a longo prazo, cause uma maior preocupação devido à acumulação de responsabilidades. A capacidade de resolução de problemas, por outro lado, envolve habilidades como análise crítica, pensamento criativo, tomada de decisões assertivas e ação proativa. É a capacidade de enfrentar desafios de maneira direta, implementar soluções eficazes e aprender com os resultados. No entanto, a procrastinação pode servir como um obstáculo para o desenvolvimento dessas habilidades, já que adiar tarefas frequentemente impede a oportunidade de praticar a resolução de problemas de forma consistente.

A metáfora da vida do arco e flecha sugere uma analogia entre a jornada da vida e o processo de atirar uma flecha com um arco. Nessa metáfora, a flecha representa os objetivos, sonhos e metas que alguém busca alcançar, enquanto o arco simboliza as experiências, desafios e aprendizados que moldam e impulsionam essa jornada. Assim como o arco precisa ser puxado para trás antes de lançar a flecha para frente, as adversidades e desafios na vida podem ser vistos como momentos de recuo que preparam para avanços significativos. A tensão no arco pode representar as pressões e dificuldades que, quando enfrentadas e superadas, proporcionam o impulso necessário para alcançar os objetivos desejados.

A trajetória da flecha, ao ser liberada, é única e influenciada por diversos fatores, como a direção do vento e a precisão do arqueiro. Da mesma forma, a vida é moldada por elementos imprevisíveis e escolhas pessoais. A metáfora destaca a importância da preparação, paciência e foco, assim como o arqueiro precisa concentrar-se antes de soltar a flecha, para atingir os alvos desejados na vida. Dentro dessa perspectiva, cada fase da jornada, seja ela de recuo ou avanço, contribui para o crescimento pessoal e a realização de conquistas. Essa metáfora inspira a compreensão de que as adversidades não são obstáculos permanentes, mas sim elementos temporários que podem fortalecer e direcionar o percurso em direção aos objetivos.

A necessidade de muitas tentativas até acertar algo ou dar certo é uma realidade compartilhada por muitas pessoas em diversos campos da vida, seja na busca por uma carreira satisfatória, na construção de relacionamentos significativos ou na realização de objetivos pessoais. Cada tentativa fracassada oferece oportunidades de aprendizado e crescimento, permitindo que se ajuste e refine abordagens até encontrar aquela que funciona. Além disso, é importante reconhecer que o sucesso raramente é linear, muitas vezes ele é alcançado por meio de um processo de tentativa e erro, onde cada falha é vista como uma etapa necessária no caminho para o sucesso final. Conforme já mencionei anteriormente, é através da resiliência e da garra em continuar tentando, mesmo diante dos obstáculos, que se alcança o sucesso.

Outro ponto imprescindível é ter força para resolver os seus próprios problemas. Não depender de ninguém para executar algo na vida é uma habilidade valiosa que promove independência, autoconfiança e autossuficiência. Quando você for capaz de realizar as suas próprias tarefas e alcançar seus objetivos sem depender excessivamente dos outros, você se tornará mais capacitado a enfrentar os desafios da vida de forma eficaz. Essa independência permite que você assuma o controle de sua própria vida e tome decisões que reflitam seus próprios valores e interesses. Em vez de esperar que outros intervenham ou tomem decisões por você, uma pessoa independente é capaz de traçar seu próprio caminho e buscar suas próprias metas.

Não depender de ninguém para executar algo promove um senso de responsabilidade pessoal e autoconfiança. Quando você for capaz de realizar uma tarefa por conta própria, ganhará confiança em suas habilidades e capacidades. Isso fortalecerá a sua autoestima e sua crença em sua própria capacidade de enfrentar desafios e superar obstáculos. A independência também promove a liberdade e a flexibilidade. Ao não depender dos outros para realizar tarefas ou tomar decisões, você terá mais liberdade para seguir seu próprio ritmo e seguir suas próprias preferências. Isso permitirá que você viva uma vida mais autêntica e satisfatória, alinhada aos seus próprios valores e objetivos.

No entanto, é importante notar que independência não significa isolamento ou recusa em receber ajuda quando necessário. Todos nós precisamos de apoio e colaboração em diferentes momentos da vida. Ser independente significa ser capaz de assumir a responsabilidade por nossas próprias vidas e tomar decisões conscientes sobre quando e como buscar ajuda quando necessário.

Não deixe para amanhã! Separe as tarefas complexas em partes menores e mais gerenciáveis, permitindo que sejam cumpridas gradualmente, com pausas para descanso e lazer entre cada uma. Comece com as tarefas mais difíceis, desmistificando sua complexidade e ganhando motivação para lidar com as seguintes, que geralmente são mais simples. Recompense-se por cada progresso feito, criando incentivos pessoais, como pausas para descanso, momentos de lazer ou outras formas de recompensa, para manter o ânimo e a motivação. Planeje o processo antes de iniciar a tarefa, definindo passos, tempo necessário e recursos disponíveis, o que pode reduzir a apreensão e aumentar a eficiência na execução. Priorize as atividades de acordo com sua importância e urgência, reservando tempo para momentos de lazer e descanso, sem sentir a necessidade de completar todas as tarefas imediatamente.

Seja exemplo para os demais! Ser referência nas próprias atitudes e escolhas é uma responsabilidade e uma oportunidade de influenciar positivamente aqueles ao nosso redor. Quando agimos de acordo com nossos valores e princípios, demonstramos integridade e coerência, inspirando outros a fazerem o mesmo. Quando demonstramos consistência entre o que dizemos e o que fazemos, ganhamos a confiança e o respeito daqueles ao nosso redor. Isso fortalece os relacionamentos e promove um senso de comunidade e colaboração. No entanto, é importante lembrar que ser exemplo não significa ser perfeito. Todos nós cometemos erros e enfrentamos desafios ao longo da vida. O importante é reconhecer nossos erros, aprender com eles e continuar buscando ser a melhor versão de nós mesmos.

CAPÍTULO 15

NINGUÉM ME DÁ COLO!

Menos reclamação e mais ação

Mudanças repentinas, desafios inesperados ou traumas passados são alguns dos principais motivos que nos desestabilizam e nos tiram o controle da situação. Nesse momento é inevitável, bate um desespero tremendo e você começa a buscar alternativas sem conseguir ter muita clareza da situação como um todo, você toma atitudes precipitadas e até se envolve em situações constrangedoras e desconfortáveis. Enfim, não se desespere. Vão ter momentos em que você vai se sentar e chorar por um longo tempo até conseguir se acalmar sozinho. Vai bater uma vontade de um colo materno, paterno, você vai lembrar que era o neto querido e que todos os seus parentes te auxiliavam de imediato, mas você cresceu e agora lidará sozinho com as adversidades da vida.

Isso não significa que você está abandonado no mundo, que é incapaz ou que não pode buscar por um colo. Aqui me refiro aos momentos em que a vida te dará desafios para você encarar sozinho. Sim, tem coisas que só você poderá resolver, mesmo que você tenha muitas pessoas próximas que te amam e te queiram bem. Você vai precisar desenvolver uma força interna para tomar determinadas atitudes que ninguém poderá tomar por você.

O meu objetivo neste capítulo é te mostrar que mesmo dentro de um túnel escuro, sem observar a linha de chegada, caminhando lentamente para não tropeçar e com certa angústia por não enxergar nada, você poderá e deverá utilizar a sua lanterna para trilhar cada passo a passo dessa caminhada. Eu sei que parece assustador demais e que eu pareço extremamente fria, mas acredite, se a vida te deixou esse desafio, abrace, encare, vá com calma, mas vá. Não dependa de terceiros, não espere outras pessoas abrirem portas para você e não se esconda em relacionamentos tóxicos. Você não merece! Se necessário busque ajuda profissional. Por fim, reclame menos.

A palavra "reclamar" tem origem no latim *reclamare*, formada pela junção do prefixo "re-" (que indica repetição) e do verbo "clamare" (gritar, clamar). Reclamar, no contexto mais amplo, pode ser interpretado como uma forma de pedir novamente algo que não foi satisfatoriamente entregue ou realizado. Essa interpretação lança luz sobre o propósito subjacente do ato de reclamar, que é expressar insatisfação ou descontentamento com uma situação específica, produto ou serviço. Quando reclamamos, estamos essencialmente comunicando que algo não atendeu às nossas expectativas ou necessidades. Isso pode ocorrer quando um produto está com defeito, um serviço não foi prestado adequadamente, ou quando nos sentimos injustiçados em uma determinada situação. Em essência, estamos solicitando uma nova tentativa, uma correção ou uma compensação pelo que consideramos uma falha ou erro.

O ato de reclamar também pode ser interpretado como um pedido de atenção e validação de nossas preocupações e frustrações. Ao expressar nossa insatisfação, estamos buscando ser ouvidos e compreendidos, na esperança de que nossas preocupações sejam levadas a sério e que uma solução seja encontrada. No entanto, é importante reconhecer que reclamar não é apenas uma questão de exigir repetição ou correção de uma situação inadequada. Também pode ser uma oportunidade para fornecer comentários construtivos, que podem ajudar a melhorar a qualidade de produtos e serviços no futuro. Quando expressamos nossas preocupações de forma construtiva, estamos contribuindo para a melhoria contínua e a excelência no atendimento ao cliente e na prestação de serviços.

No contexto atual, a minha atenção é justamente para o fato de direcionar a nossa energia para encontrar soluções e tomar medidas concretas para melhorar nossa situação. Pessoas que constantemente reclamam, mas não conseguem progredir ou sair do lugar, podem estar presas em um ciclo de negatividade e inação que as impede de alcançar seus objetivos e realizar seu potencial máximo. Essa tendência pode ser prejudicial para seu bem-estar emocional, relações interpessoais e sucesso geral na vida. Reclamar sem agir pode ser um reflexo de uma mentalidade de vítima, em que a pessoa se sente impotente diante das circunstâncias e atribui a responsabilidade por sua situação a fatores externos. Isso pode levar a uma sensação de desamparo aprendido, em que a pessoa acredita que não tem controle sobre sua vida ou capacidade de mudá-la.

Essa pessoa pode ter experimentado repetidas situações em que seus esforços não levaram a resultados positivos ou onde enfrentaram obstáculos significativos que pareciam insuperáveis. Essa crença de que os esforços serão em vão pode ser profundamente enraizada e pode impedir a pessoa de agir de forma proativa em sua vida. Eles podem sentir uma sensação de desesperança e impotência, levando-os a evitar assumir responsabilidades ou buscar oportunidades de crescimento pessoal e profissional.

Essa mentalidade pode ser alimentada por uma série de fatores, incluindo experiências passadas de fracasso, críticas constantes ou falta de apoio emocional. Como resultado, a pessoa pode se sentir incapaz de influenciar positivamente sua vida e pode se resignar a uma sensação de passividade.

No entanto, é importante reconhecer que essa mentalidade de desamparo aprendido é uma crença limitante e que os esforços individuais podem, sim, fazer a diferença. Ao desafiar essa crença e começar a assumir pequenas responsabilidades e tomar iniciativas, a pessoa pode começar a desenvolver uma sensação de competência e autoeficácia. É essencial lembrar que o sucesso muitas vezes vem com persistência e esforço contínuo. Mesmo que os resultados não sejam imediatos, cada passo em direção a assumir responsabilidades e tomar iniciativas representa um progresso na direção certa. Com o tempo, a pessoa pode descobrir que seus esforços não são em vão e que eles têm o poder de moldar positivamente sua própria vida.

Reclamar em excesso pode alimentar uma mentalidade de escassez e falta, onde a pessoa foca apenas nos aspectos negativos de sua vida e se sente incapaz de ver as oportunidades e recursos disponíveis para ela. Isso pode levar a sentimentos de frustração, desesperança e baixa autoestima. Para romper esse ciclo de reclamação e estagnação, é fundamental cultivar uma mentalidade de responsabilidade e empoderamento. Isso envolve assumir a responsabilidade por nossa própria vida e tomar medidas concretas para mudar as coisas que não estão funcionando para nós. Em vez de se concentrar no que está errado, devemos direcionar nossa energia para identificar soluções e agir de forma proativa para alcançar nossos objetivos.

É importante desenvolver uma prática de gratidão e apreciação pelas coisas positivas em nossas vidas. Isso pode nos ajudar a mudar nossa perspectiva e focar no que temos, em vez do que nos falta. Ao cultivar uma mentalidade de abundância e gratidão, podemos nos sentir mais capacitados e motivados para buscar a mudança positiva em nossas vidas. Por fim, buscar profissionais de saúde mental também pode ser útil para superar padrões de pensamento negativos e desenvolver estratégias eficazes para avançar na vida. Com determinação, autenticidade e compromisso podemos superar os obstáculos que nos impedem de alcançar nosso pleno potencial e criar uma vida significativa e realizada.

No atendimento psicológico o paciente encontra um porto seguro para suas emoções, podendo despir-se das máscaras que a vida cotidiana muitas vezes exige. É um lugar onde não existe a necessidade de esconder a complexidade de sentimentos, pois a autenticidade é não apenas encorajada, mas também fundamental para o processo terapêutico.

CAPÍTULO 16

EU NÃO CONSIGO PENSAR EM MIM.

Sobre saber se priorizar

Aos poucos você se permite olhar pela janela do seu quarto. O quarto está escuro, mas você decide deixar entrar um pouco de luz para admirar algo externo. O vidro está um pouco embaçado, você enxerga, mas com pouca nitidez. Você pega um pano e dá uma boa polida, ele parece melhorar de aspecto. Você decide utilizar um produto de limpeza potente, busca novas alternativas e, aos poucos, nota esse vidro com total visibilidade. Essa é a sensação de uma pessoa que deu um passo de cada vez e acabou de retomar o controle de sua vida pessoal. O que era nebuloso agora já é mais nítido e o que parecia duvidoso passou a ser mais confiável. Possivelmente, essa pessoa buscou força em inúmeros locais e referências, tentou e errou muitas vezes, não foi fácil, mas o diferencial foi ela ter se desafiado a não desistir. Com o tempo entendeu a necessidade do olhar interno e, então, conseguiu encontrar um ponto para mirar a sua trajetória. No momento do caos nem tudo faz sentido, mas, lembre-se: tudo pode ser sentido. Sentir, encarar e agir promove autoconhecimento e desenvolve uma força para encarar a vida olhando para si mesmo em primeiro lugar.

Em um avião, durante a explicação dos procedimentos de segurança, somos instruídos a colocar nossa própria máscara de oxigênio primeiro antes de ajudar os outros, mesmo que sejam nossos filhos. Essa analogia serve como uma poderosa lição sobre a importância de olhar para si em primeiro lugar antes de ajudar os outros. Quando nos colocamos em primeiro lugar, não estamos sendo egoístas, mas, sim, práticos e sensatos. Ao cuidar de nossas próprias necessidades físicas, emocionais e mentais, podemos nos fortalecer e nos capacitar a ajudar os outros de maneira mais eficaz e sustentável.

Assim como no avião, se negligenciarmos nossas próprias necessidades e nos esgotarmos, não seremos capazes de oferecer suporte adequado aos outros. Podemos nos tornar sobrecarregados, estressados e incapazes de lidar com as demandas da vida. Portanto, ao colocar nossa própria máscara de oxigênio primeiro, estamos garantindo nossa própria sobrevivência e, ao fazer isso, também aumentamos nossa capacidade de ajudar os outros. É um lembrete poderoso de que cuidar de nós mesmos é uma necessidade fundamental para viver uma vida significativa.

Quando eu me refiro a não desistir pode soar como algo padrão, ou seja, como mais uma frase motivacional. Eu sei que estamos nas redes sociais diariamente e sempre nos deparamos com uma enxurrada de mensagens e postagens repletas de conselhos morais. Em meio a essa profusão de opiniões, é fácil sentir-se pressionado a seguir determinados padrões de comportamento ou a adotar certas crenças como absolutas.

Não desistir não é apenas mais uma frase de efeito, mas sim uma postura de vida que requer comprometimento, resiliência e determinação. Significa persistir diante das adversidades, superar os obstáculos e continuar avançando, mesmo quando as circunstâncias parecem desfavoráveis. Quando enfrentamos desafios ou fracassos, a tentação de desistir pode ser forte. No entanto, são nesses momentos que a verdadeira força de caráter é revelada. É fácil manter-se motivado quando tudo está indo bem, mas são nos momentos difíceis que nosso verdadeiro poder interior é testado. Não desistir significa encontrar força na adversidade, aprender com nossos erros e continuar avançando, mesmo quando o caminho parece árduo. Requer coragem para persistir quando todos os sinais indicam que devemos desistir, mas é, precisamente, essa coragem que nos permite alcançar nossos objetivos mais ambiciosos e realizar nossos sonhos mais profundos.

Não desistir também envolve cultivar uma mentalidade de crescimento e flexibilidade. Isso significa estar disposto a ajustar nossas estratégias, aprender com comentários alheios e adaptar nosso curso quando necessário. Em vez de ver os contratempos como fracassos definitivos, devemos vê-los como oportunidades de crescimento e desenvolvimento pessoal. É importante lembrar que o sucesso raramente acontece da noite para o dia. É o resultado de um esforço consistente, determinação e perseverança ao longo do tempo. Ao não desistir, estamos nos comprometendo com o processo de autoaperfeiçoamento contínuo e estamos nos dando a melhor chance de alcançar nossos objetivos mais audaciosos. Não desistir nos permite recuperar o controle sobre nossas próprias vidas. Quando enfrentamos dificuldades, é fácil sentir que não temos controle sobre nossa situação. No entanto, ao perseverar e buscar soluções para os problemas que enfrentamos, estamos exercendo nosso poder de escolha e tomando medidas para melhorar nossa situação.

Em suma, olhe para si mesmo e não desista. Eu sei que você está se questionando sobre como executar isso, bom, o principal objetivo é que você seja o seu próprio treinador e não o seu pior crítico. Não é por acaso que os atletas profissionais contam com treinadores especializados. Na vida cotidiana, não temos essa mesma assistência, o que nos obriga a ser nossa própria voz orientadora. A reação emocional natural diante do fracasso afeta nossos pensamentos e nos torna mais suscetíveis à autocrítica. Portanto, embora nem sempre possamos evitá-la, podemos escolher como responder a ela de maneira mais construtiva.

Para desenvolver confiança, é necessário cultivar nosso próprio mentor interior, em vez de dar espaço ao nosso crítico interno mais severo. Isso implica reagir ao fracasso de forma que nos ajude a nos reerguer, sacudir a poeira e continuar lutando. Um verdadeiro mentor não nos criticaria de forma destrutiva nem nos inflaria com elogios vazios. Em vez disso, eles nos oferecem sinceridade, responsabilidade, encorajamento e apoio incondicional. Eles permanecem ao nosso lado, independentemente dos resultados, valorizando o que realmente importa para nós. Assumir esse papel para nós mesmos nem sempre é simples, mas é uma habilidade vital que podemos desenvolver com prática e dedicação. A partir de agora pense que você é o aluno e que você possui um treinador interno.

Eu me mantenho completamente presente nos meus atendimentos psicológicos, além de sustentar a minha mente concentrada em absorver todas as informações com dois objetivos principais:

conduzir o paciente e aprender. Aprendi demais com todas as minhas formações e diplomas e, inclusive, te sugiro estudar sempre, deixar a mente ativa e muito bem-informada, isso desenvolverá habilidades cognitivas valiosas. Mas nos meus atendimentos eu aprendo detalhes intensos, profundos e ricos que somente aquela troca e momento permitem. Informações que não estão registradas em nenhum livro teórico, manual ou vídeo.

Foque a sua atenção em cada mensagem recebida, em cada troca de olhar, cada conversa, mas, para isso ser produtivo, escolha pessoas que te ajudem a crescer e que contribuam para a sua evolução pessoal. Cuidado com as pessoas que te puxam para baixo. Nem tudo vai acontecer no tempo que você deseja e isso não deve ser considerado um problema, inclusive pode ser uma solução. Pode ser um novo começo. Foque no momento presente. Movimente-se. Aja. Aprenda a identificar quando há necessidade de encerrar um ciclo e iniciar um novo.

CAPÍTULO 17

O MEU PERFECCIONISMO ME ATRAPALHA.

Autocobrança excessiva

Quando você consegue dar o primeiro passo sozinho depois de percorrer muitos quilômetros em uma trilha guiada é natural que você se sinta um pouco perdido, com poucas referências e sem saber por qual das várias opções de rotas escolher. Você começa a buscar informações, conversar com pessoas novas e, até mesmo, promover pequenos desafios pessoais que se intensificam com o tempo. Cultivar um amor incondicional por quem somos pode muitas vezes envolver tomar a estrada menos percorrida, justamente porque essa é a que mais nos beneficia. Significa deixar de lado a autocrítica nos momentos difíceis, evitando cair na armadilha da autocondenação. Em vez disso, envolve usar toda a nossa determinação para nos levantarmos após um contratempo.

Nosso lado crítico interno é aquela voz interior que constantemente nos julga, critica e questiona nossas ações, pensamentos e escolhas. É como se tivéssemos um crítico implacável dentro de nós, sempre pronto para apontar nossos erros, falhas e imperfeições. Essa voz crítica muitas vezes surge de experiências passadas, expectativas sociais e padrões de perfeição inatingíveis. Ela pode ser alimentada por mensagens negativas que recebemos ao longo da vida, como críticas de pais, professores ou figuras de autoridade, ou mesmo por padrões culturais e sociais que nos ensinam a buscar a perfeição e a evitar o fracasso a todo custo.

O tal lado crítico interno pode se manifestar de várias formas, desde pensamentos negativos e autocríticos até sentimentos de inadequação, culpa e vergonha. Ele pode nos impedir de seguir em frente, minar nossa autoconfiança e autoestima, e nos fazer duvidar de nossas próprias habilidades e valor como indivíduos. No entanto, é importante reconhecer que essa voz crítica não é a verdade absoluta sobre quem somos; ela é apenas uma parte de nós, influenciada por nossas experiências, emoções e crenças. Ao aprender a reconhecer e desafiar essa voz crítica, podemos começar a cultivar uma relação mais compassiva e gentil conosco mesmos. Isso envolve praticar a autoaceitação, a autocompaixão e o perdão. Significa reconhecer que somos seres humanos imperfeitos, que cometemos erros e que estamos em constante aprendizado e crescimento. Ao invés de nos deixarmos dominar pelo lado crítico interno, podemos aprender a cultivar uma voz interior mais amorosa, que nos encoraja, nos apoia e nos lembra de nossa própria dignidade e valor.

Vamos criar um cenário hipotético. Imagine-se andando pelas ruas vibrantes de uma grande metrópole, conhecida por seu horizonte icônico pontuado por arranha-céus modernos e antigos edifícios coloniais. Ao entardecer, as luzes começam a piscar, iluminando avenidas movimentadas onde milhares de carros deslizam como um rio constante de energia. Você é Rafa, uma pessoa que, em meio ao frenesi desta cidade de contrastes, busca incansavelmente controlar cada detalhe das interações sociais para proteger-se da imprevisibilidade da vida urbana.

Hoje, você tem um encontro importante em um famoso bistrô localizado em uma área conhecida por sua mistura de arquitetura clássica e contemporânea. Enquanto caminha, as calçadas cheias de pessoas de todas as esferas da vida são um lembrete constante da diversidade e da magnitude desta metrópole. Cada passante, absorto em seus próprios pensamentos e tarefas, é parte do tecido social complexo e vibrante que define esta cidade.

A caminho do bistrô, você repassa mentalmente o roteiro da noite, tentando antecipar cada conversa para evitar deslizes ou mal-entendidos. A ideia de uma interação social imprevisível é desconfortável, e a sua estratégia é preparar-se ao máximo, buscando um senso de controle em um ambiente que naturalmente resiste à previsibilidade.

Ao chegar ao restaurante, um espaço elegante com uma fachada de vidro que reflete as luzes da cidade, você é recebido com sorrisos e cumprimentos calorosos. No entanto, em vez de se permitir absorver o ambiente e desfrutar da companhia, você se encontra monitorando cada interação, cada expressão facial dos seus amigos, interpretando-os como indicadores de sua performance social.

Durante o jantar, um comentário casual de um amigo sobre a escolha do prato parece um julgamento para você, desencadeando uma cadeia de pensamentos autocríticos. Em vez de reconhecer que a observação foi feita sem intenção de crítica, você a vê como uma falha na sua meticulosa preparação.

No entanto, em um momento de clareza proporcionado pela vista espetacular da janela, onde a paisagem urbana se estende iluminada sob o céu noturno, você começa a questionar essa necessidade incessante de controle. Este ambiente, repleto de vida e energia, onde milhões de pessoas convivem com suas imperfeições e incertezas, serve como um lembrete de que a verdadeira beleza da experiência humana está na sua imprevisibilidade e diversidade.

Ao deixar o bistrô, as ruas ainda estão cheias de vida, com músicos tocando nos cantos e vendedores anunciando seus produtos. A cidade, com suas imperfeições e surpresas, parece desafiar a ideia de que tudo deve ser controlado. Talvez, como esta metrópole, você também possa encontrar um equilíbrio, aceitando que nem todas as interações precisam ser perfeitas e que, às vezes, é na desordem que se descobre a verdadeira alegria de viver.

Após essa noite de reflexão e clareza, Rafa se encontra numa encruzilhada emocional e psicológica. Este momento de autoconhecimento oferece a possibilidade de escolher entre dois caminhos distintos, cada um representando uma abordagem diferente para lidar com a necessidade de controle e a autocobrança em situações sociais e pessoais.

Opção 1: Abraçar a espontaneidade

Rafa pode escolher abraçar a imprevisibilidade da vida, reconhecendo que a busca por controle absoluto é uma batalha perdida e que pode levar a mais ansiedade e isolamento. Este caminho envolve:

- Conscientemente se permitir ser menos preparado em interações sociais, confiando mais em sua habilidade natural de se comunicar e responder de forma autêntica;

- Praticar a presença ao se engajar com os amigos, realmente ouvindo o que eles dizem em vez de planejar respostas ou julgar suas palavras e ações;
- Aceitar que as falhas e gafes são normais e frequentemente contribuem para interações mais humanas e relacionamentos mais profundos;
- Procurar apoio através de psicoterapia e de conversas com amigos próximos, para explorar as raízes dessa necessidade de controle e aprender estratégias para lidar com a ansiedade de maneira saudável.

Opção 2: Estruturar o controle de forma saudável

A segunda opção é encontrar um meio-termo em que Rafa ainda pode sentir um senso de controle, mas de uma forma que promova o bem-estar e mantenha relacionamentos saudáveis. Isso pode incluir:

- Estabelecer limites claros para si mesmo sobre o que é razoável controlar e o que deve ser deixado fluir naturalmente;
- Desenvolver rotinas que reduzam a ansiedade sem tentar controlar cada detalhe das interações sociais, como técnicas de respiração antes de eventos sociais ou estabelecer um período de preparação razoável antes de encontros;
- Usar ferramentas de organização para planejar eventos e atividades de uma maneira que minimize a ansiedade sem reprimir a espontaneidade e a alegria dos outros envolvidos;

- Focar no autoaperfeiçoamento através de cursos ou leitura sobre comunicação e relações interpessoais, não para controlar cada interação, mas para se sentir mais confiante e preparado.

Ambas as opções representam caminhos válidos e oferecem a Rafa a oportunidade de crescer e evoluir, cada uma alinhada a diferentes aspectos de sua personalidade e necessidades. A escolha depende de Rafa reconhecer suas prioridades e o que realmente busca alcançar em sua jornada pessoal e social.

A autoaceitação é um processo fundamental de reconhecimento, acolhimento e valorização de si mesmo exatamente como você é, com todas as suas qualidades, limitações, imperfeições e experiências. Envolve a capacidade de aceitar e abraçar integralmente sua identidade, incluindo aspectos físicos, emocionais, mentais e espirituais. Em essência, a autoaceitação significa não apenas tolerar, mas também apreciar e respeitar quem você é, sem tentar se comparar a padrões irreais ou se julgar com base em expectativas externas. É reconhecer sua própria humanidade, com todas as suas falhas e virtudes, e se tratar com gentileza, compaixão e amor incondicional.

Autoaceitação não implica em estagnação ou complacência, não é se tornar insensível ao mundo ao nosso redor ou em nos rendermos passivamente diante da adversidade, mas sim em reconhecer que você é digno de amor e respeito, independentemente de suas imperfeições ou dos padrões impostos pela sociedade. É um ato de coragem e autenticidade, que permite que você se liberte das amarras da autocrítica e da busca incessante pela perfeição, e viva com mais autenticidade, paz interior e contentamento. Portanto, é importante entender que a autoaceitação não é uma desculpa para acomodar-se na mediocridade ou aceitar a derrota sem lutar. Pelo contrário, ela nos capacita a enfrentar os desafios da vida com autenticidade, integridade e autoconfiança, permitindo-nos alcançar nossos sonhos e aspirações com uma mentalidade positiva.

Quando uma pessoa se esforça a partir do amor e contentamento, em vez do medo e da escassez, ela adota uma abordagem mais positiva e empoderada para a vida. Esse modo de agir é impulsionado por uma profunda conexão com suas próprias aspirações, valores e propósitos, e pela gratidão pelo que já tem. Ao se esforçar a partir do amor, a pessoa busca alcançar seus objetivos movida pela paixão, pela inspiração e pelo desejo genuíno de crescer e contribuir para o bem-estar próprio e dos outros. Ela encontra motivação intrínseca em suas ações, em vez de depender de pressões externas ou do medo do fracasso.

Optar pelo caminho mais difícil muitas vezes é uma escolha consciente em busca de benefícios pessoais e crescimento. Embora possa parecer contraintuitivo, enfrentar desafios significativos e difíceis pode trazer uma série de vantagens e oportunidades de aprendizado que não seriam encontradas em caminhos mais fáceis. Quando escolhemos o caminho mais difícil, estamos assumindo um compromisso com o nosso próprio desenvolvimento pessoal e profissional. Essa escolha nos desafia a expandir nossos limites e a descobrir novas habilidades e capacidades que talvez nem sabíamos que tínhamos.

O caminho mais difícil muitas vezes oferece recompensas mais significativas e duradouras. É importante ressaltar que escolher o caminho mais difícil não significa buscar constantemente o sofrimento ou a adversidade desnecessária. Em vez disso, trata-se de reconhecer que o crescimento pessoal muitas vezes requer esforço, sacrifício e persistência, e estar disposto a enfrentar esses desafios em busca de um objetivo maior. Portanto, ao optar pelo caminho mais difícil, estamos investindo em nós mesmos e em nosso futuro, e abrindo portas para um maior crescimento, realização e sucesso a longo prazo. Embora possa ser uma jornada difícil e desafiadora, os benefícios e recompensas que encontramos ao longo do caminho fazem valer a pena cada obstáculo enfrentado.

CAPÍTULO 18

SERÁ QUE ESTOU NO CAMINHO CORRETO?

Construindo coragem e propósito

Eu sei que em alguns momentos surgem os questionamentos: "Eu fiz escolhas erradas?"; "Será que dá para voltar no tempo?". Algumas mudanças e o próprio processo de evolução pessoal causam questionamentos positivos e negativos; não é uma tarefa fácil, mas ter um propósito te dará sentido para as próximas decisões diárias e para a construção de um futuro sólido. O propósito está profundamente associado ao nosso interior, pois emerge da conexão com nossos valores, paixões e habilidades inatas. Ele não é apenas uma busca externa por sucesso ou reconhecimento, mas sim uma jornada interna de autodescoberta e autenticidade. Encontrar nosso propósito requer autoconhecimento e reflexão sobre o que realmente nos motiva e nos traz significado. Quando alinhamos nossas ações com nossos valores mais profundos e buscamos contribuir de forma significativa para o mundo ao nosso redor, encontramos um propósito que nutre nossa alma e nos impulsiona a viver uma vida mais plena e realizada.

Não há uma fórmula única para encontrar o seu propósito, mas algumas etapas podem ajudar nesse caminho. Em primeiro lugar, reserve um tempo para se conectar consigo mesmo e refletir sobre suas paixões, valores e habilidades. Pergunte a si mesmo o que realmente importa para você, o que o motiva e o que o faz se sentir realizado. Considere as experiências que o inspiraram no passado e os momentos em que se sentiu mais vivo e realizado. Em seguida, examine como você pode contribuir para o mundo ao seu redor de uma maneira significativa e única. Pergunte a si mesmo como você pode usar seus talentos e habilidades para fazer a diferença na vida dos outros e deixar um legado positivo. Considere como você pode alinhar seu propósito com as necessidades do mundo e encontrar uma maneira de servir e contribuir para um bem maior.

Também é importante estar aberto a experimentar e explorar diferentes caminhos e oportunidades. Seja flexível e receptivo às mudanças e esteja disposto a ajustar seu curso conforme você aprende e cresce ao longo do tempo. Esteja aberto a novas experiências e desafios que possam ajudá-lo a expandir sua visão e aprofundar seu entendimento de si mesmo e do mundo ao seu redor. Lembre-se de que encontrar um propósito de vida é uma jornada contínua e em evolução.

O propósito e o foco estão intrinsecamente interligados em nossa jornada de vida. Enquanto o propósito nos dá direção e significado, o foco nos permite concentrar nossos esforços e energias na realização desse propósito. Quando definimos claramente nosso propósito, seja pessoal, profissional ou espiritual, isso nos fornece uma bússola interna, orientando nossas escolhas e ações em direção a metas alinhadas com nossos valores e aspirações mais profundas. No entanto, ter um propósito definido não é suficiente por si só. É necessário cultivar o foco para transformar esse propósito em realidade. O foco nos permite bloquear distrações, superar obstáculos e manter uma determinação firme em alcançar nossos objetivos. Ele nos ajuda a direcionar nossa atenção e energia para as tarefas e atividades que nos aproximam de nossa visão de vida.

O propósito e o foco trabalham em conjunto para nos guiar em nossa jornada de autodescoberta e crescimento. Enquanto o propósito nos dá um porquê para viver e nos inspira a seguir em frente, o foco nos capacita a navegar pelo caminho, superando desafios e alcançando progresso em direção aos nossos sonhos e aspirações. Quando alinhamos nosso propósito com um foco disciplinado, criamos as condições ideais para uma vida de significado, realização e impacto positivo.

Assim como uma bússola aponta para o norte, nossos medos muitas vezes indicam a direção que devemos seguir para crescer, evoluir e alcançar nosso potencial máximo. Quando nos deparamos com o medo, é natural sentir-se desconfortável e até mesmo resistir a ele. No entanto, em vez de evitar ou negar nossos medos, podemos aprender a usá-los como guias valiosos em nossa jornada pessoal. Cada medo que enfrentamos contém uma lição importante e uma oportunidade de crescimento. Por exemplo, o medo do desconhecido pode nos motivar a deixar a nossa zona de conforto e explorar novas possibilidades. O medo do fracasso pode nos motivar a persistir diante dos desafios e a aprender com nossos erros. O medo da rejeição pode nos ensinar a valorizar nossos relacionamentos e a cultivar conexões autênticas.

Esse instrumento que serve como guia e orientação nos ajuda a navegar em território desconhecido, nossos medos nos orientam em direção aos caminhos que mais importam para nós. Eles nos lembram do que é importante e nos incentivam a seguir em frente, mesmo quando o caminho parece incerto ou desafiador. Portanto, em vez de temer nossos medos, podemos aprender a abraçá-los como aliados em nossa jornada pessoal. Ao reconhecer e enfrentar nossos medos com coragem e determinação, podemos descobrir uma nova profundidade de autoconhecimento, crescimento e realização em nossas vidas.

O compromisso com o seu propósito transcende os seus medos, pois quando está verdadeiramente alinhado com aquilo que considera significativo e valioso em sua vida, é capaz de superar as barreiras que o medo pode criar. Embora o medo seja uma emoção poderosa e muitas vezes paralisante, o compromisso com o seu propósito o impulsiona a seguir em frente, mesmo quando enfrenta desafios e incertezas. Quando está comprometido com o seu propósito, encontra uma força interior que o permite enfrentar os seus medos com coragem e determinação. Em vez de permitir que o medo o impeça de agir, usa-o como um catalisador para o crescimento e a transformação. Reconhece que o medo faz parte da jornada em direção aos seus objetivos e que enfrentá-lo é essencial para alcançar o que deseja.

A coragem interior é a capacidade de agir apesar do medo de seguir adiante mesmo quando nos sentimos vulneráveis ou inseguros. Ter coragem interior significa confiar em nossa própria força e resiliência, mesmo quando enfrentamos situações difíceis. É a capacidade de enfrentar o desconhecido com determinação e convicção, sabendo que somos capazes de superar qualquer obstáculo que surja em nosso caminho. Ela pode ser encontrada nas escolhas diárias que fazemos para seguir nossos sonhos, defender nossos valores e enfrentar nossos medos. Não é algo que se manifesta apenas em momentos extraordinários ou heroicos. É a voz interior que nos encoraja a avançar, mesmo quando tudo ao nosso redor parece nos desencorajar. Cultivar a coragem interior requer prática e autoconhecimento. Envolve estar presente consigo mesmo, reconhecendo nossos medos e limitações, mas também reconhecendo nossa capacidade de superá-los. Requer autoconfiança e autenticidade, a disposição de ser vulnerável e mostrar-se verdadeiramente, mesmo quando isso pode ser assustador.

Quando cultivamos a coragem interior, descobrimos uma fonte inesgotável de força e determinação dentro de nós mesmos. Não importa o que a vida nos reserve, podemos enfrentar os desafios com coragem e integridade, sabendo que temos o poder de criar a vida que desejamos e merecemos. Nesse momento é fundamental você avaliar o quanto o ambiente que você está inserido proporciona ou não o aprimoramento dessa virtude. O ambiente tem um papel crucial no desenvolvimento da coragem. Um ambiente que promove a coragem é aquele que oferece apoio, encorajamento e oportunidades para enfrentar desafios e superar medos. Quando as pessoas estão cercadas por indivíduos que as incentivam a assumir riscos saudáveis e a enfrentar seus medos, elas se sentem mais capacitadas e motivadas a agir com coragem.

Embora não tenhamos o poder de voltar no tempo e alterar nossas escolhas, podemos converter a dor em aprendizado. É possível nutrir a sabedoria que adquirimos e utilizá-la para orientar nossas ações no presente e no futuro. Não somos perfeitos; estamos destinados a cometer erros, e o que decidimos fazer com as consequências desses erros constitui nosso maior desafio. É comum sentir que a vida nunca será a mesma após uma experiência dolorosa, mas isso não impede que encontremos a felicidade novamente.

CAPÍTULO 19

EU NÃO SINTO PRAZER EM MAIS NADA.

Busca por satisfação pessoal

A partir do momento que você assume o controle da sua vida interior você nota que a sua experiência pode ser moldada para melhorar a sua qualidade de vida. Tudo o que vivenciamos, seja alegria ou tristeza, interesse ou tédio, é processado pela mente como informação. Se conseguirmos controlar essa informação, teremos o poder de moldar nossa própria vida. Buscar um objetivo traz um senso de ordem à mente, pois exige que nos concentremos na tarefa presente, deixando de lado temporariamente todas as outras preocupações. À medida que exercitamos nossas habilidades e buscamos desafios mais elevados, nos tornamos pessoas extraordinárias. Quando nos sentimos no controle da nossa própria vida e percebemos que ela possui grande significado, as coisas superficiais, como aparência, riqueza ou poder perdem a sua importância. As incessantes expectativas se aquietam e as necessidades não realizadas já não nos perturbam mais. Aprendemos a apreciar até mesmo os momentos mais simples da vida. Trata-se de viver uma vida que realmente valha a pena. Ao controlar a nossa experiência, apreciando cada momento do que fazemos, podemos superar os obstáculos e alcançar a realização pessoal.

Você já deve ter ouvido sobre a expressão *flow*. Esse conceito, desenvolvido pelo psicólogo Mihaly Csikszentmihalyi, descreve um estado de profundo envolvimento e concentração em uma atividade. Durante o *flow*, as pessoas experimentam um foco intenso, uma perda de autoconsciência e uma sensação de total imersão na tarefa em mãos. Este estado é caracterizado por um equilíbrio entre desafio e habilidade: a atividade deve ser desafiadora o suficiente para exigir concentração e esforço, mas não tão difícil a ponto de causar frustração ou ansiedade. Quando as habilidades da pessoa estão alinhadas com os desafios da atividade, ela entra em um estado de *flow*, onde o tempo parece passar rapidamente e a ação flui sem esforço.

Durante o *flow*, as pessoas muitas vezes experimentam uma sensação de êxtase e gratificação intrínseca. Elas se sentem totalmente absorvidas pela atividade, com uma clareza de propósito e uma sensação de controle sobre suas ações. Essa experiência é frequentemente descrita como altamente gratificante e positiva, levando a sentimentos de realização e satisfação pessoal. O *flow* é frequentemente associado a atividades criativas, como pintura, música ou escrita, mas pode ser experimentado em qualquer atividade que proporcione um desafio significativo e oportunidades para crescimento pessoal. Ele pode ocorrer em qualquer aspecto da vida, desde o trabalho e estudos até esportes e entretenimento.

Embora esses eventos possam ocorrer espontaneamente, é mais provável que o *flow* resulte de uma atividade estruturada, da capacidade individual de fazê-lo ou da combinação desses dois itens. O que torna essas atividades propícias ao *flow* é terem sido planejadas para fazer a boa experiência ser mais fácil ainda de atingir. Elas são estruturadas com regras que demandam o desenvolvimento de habilidades, estabelecem metas claras e possibilitam um senso de controle. Isso facilita a concentração e o envolvimento, tornando a atividade o mais distante possível da realidade cotidiana.

No entanto, além do *flow*, o autor identificou outras possibilidades de estados mentais que as pessoas podem experimentar, incluindo ansiedade, tédio, apatia e excitação. O estado de ansiedade, por exemplo, ocorre quando os desafios de uma atividade são percebidos como muito elevados em relação às habilidades da pessoa. Nesse estado a pessoa pode se sentir sobrecarregada e incapaz de lidar com a situação, levando à preocupação excessiva e ao estresse. Por outro lado, quando os desafios são percebidos como muito baixos em relação às habilidades da pessoa, ela pode experimentar um estado de tédio. Nesse estado, a atividade não é suficientemente estimulante para envolver a pessoa, levando-a a se sentir desinteressada e desmotivada. Além disso, ele também discute o estado de apatia, que ocorre quando uma pessoa está desprovida de metas significativas ou desafios estimulantes. Nesse estado, a pessoa pode se sentir sem propósito ou direção na vida, resultando uma sensação de vazio e falta de sentido. Por fim, destaca o estado de excitação, que ocorre quando uma pessoa está engajada em uma atividade que desperta seu interesse e entusiasmo. Nessa situação, a pessoa pode se sentir energizada e motivada, experimentando uma sensação de prazer e satisfação.

Eu gostaria de detalhar um pouco melhor por qual motivo a complexidade da consciência aumenta como resultado das experiências de *flow*. Observe no relato abaixo duas dimensões importantes: as habilidades e os desafios.

Imagine que um garoto está aprendendo a jogar futebol. No início, ele praticamente não tem habilidades e seu único desafio é chutar a bola para o gol. Embora não seja uma tarefa muito difícil, ele provavelmente vai apreciá-la, pois o grau de dificuldade está perfeitamente de acordo com suas habilidades rudimentares. Nesse ponto, ele provavelmente estará em um estado de *flow*, mas não conseguirá permanecer nele por muito tempo. Com o treinamento, suas habilidades inevitavelmente melhorarão e então ele achará cada vez mais monótono apenas chutar a bola para o gol. Ou ele pode enfrentar adversários mais habilidosos e perceber que existem desafios muito mais difíceis do que simplesmente chutar a bola, o que o levará a sentir certa ansiedade em relação ao seu fraco desempenho.

Como tédio e ansiedade são experiências negativas, ele ficará motivado a voltar ao estado de *flow*. Para isso, se estiver entediado, ele terá essencialmente uma única escolha: aumentar os desafios enfrentados. Outra opção seria desistir do futebol, mas isso não é considerado. Estabelecendo para si uma nova meta, mais difícil e que se equipare às suas habilidades, como driblar adversários mais habilidosos, ele estará de volta ao estado de *flow*. Se estiver ansioso, o caminho de volta para o *flow* exige que ele desenvolva suas habilidades. Teoricamente, ele também poderia reduzir os desafios enfrentados e assim voltar ao estado de *flow* inicial, mas, na prática, uma vez ciente dos desafios, é difícil ignorá-los.

Tanto o início quanto um nível mais avançado representam situações em que ele está em *flow*. Embora ambos ofereçam satisfação, os dois estados são bem diferentes, pois o nível mais avançado é uma experiência mais complexa, envolvendo mais desafios e exigindo maiores habilidades. No entanto, essa situação mais complexa e prazerosa tampouco é estável. Conforme ele continuar a jogar, ficará entediado com as oportunidades pouco desafiadoras ou ansioso e frustrado com sua própria capacidade relativamente baixa. Assim, a motivação para desfrutar do futebol vai impulsioná-lo de volta ao estado de *flow*, mas agora em um nível de complexidade ainda mais elevado.

Esse aspecto dinâmico explica por que as atividades que proporcionam o estado de *flow* levam ao crescimento e à descoberta. Uma pessoa não consegue se manter engajada na mesma atividade por um longo período no mesmo nível de intensidade. Eventualmente, começamos a ficar entediados ou frustrados, então, o desejo de apreciar o jogo nos motiva a aprimorar nossas habilidades ou a explorar novas oportunidades para aplicá-las. Não são apenas os desafios "reais" apresentados pela situação que importam, mas também aqueles que percebemos como desafiadores. Não são as habilidades que possuímos que determinam como nos sentimos, mas sim aquelas que acreditamos possuir. Como as atividades que nos levam ao *flow* são escolhidas livremente e estão intimamente ligadas ao que consideramos significativo em última instância, talvez sejam indicadores mais precisos de nossa verdadeira identidade.

Para atingir o *flow* foque no seu desafio e na sua competência para realizá-lo, esteja presente agora, nem no passado e nem no futuro. Realize o que te deixa feliz utilizando o seu máximo desempenho. Você não vai ver o tempo passar e nem lembrar de outro compromisso, você estará imerso. Desenvolver o *flow* poderá te ajudar a viver de maneira mais plena e presente, transformando a rotina em momentos de aprendizado e descoberta contínuos. Vale lembrar que o *flow* pode ser treinado. No início, com certeza, será desafiador, mas tentar é o primeiro passo. Se você não tentar, não cometerá erros, não praticará e não adquirirá o conhecimento necessário. Apenas você tem o poder de dar o primeiro passo e buscar o que deseja!

CAPÍTULO 20

NÃO CONSIGO DIZER NÃO.

Sobre impor limites e lidar com o medo da solidão

Aprenda a impor limites sem precisar fornecer justificativas. Quando você sabe o que quer e o que não quer, o que você está disposto a aceitar ou não, o que faz sentido e o que precisa ser removido, o que você deseja e o que não deseja mais, você passa a negar atitudes e momentos com mais naturalidade, ou seja, você adota um posicionamento no mundo.

Em um cenário de constante demanda por nossa atenção e energia, é fácil sentir-se sobrecarregado e perdido. Definir limites claros nos ajuda a proteger nossa saúde mental, emocional e física, além de preservar nossos recursos pessoais. Isso envolve dizer "não" quando necessário, tanto para os outros quanto para nós mesmos e priorizar o que é importante em nossas vidas. Ao adotar esse comportamento ganhamos autonomia e controle sobre nosso tempo e energia, permitindo-nos focar no que verdadeiramente valorizamos e nos aproximar de nossos objetivos pessoais e profissionais.

Não tenha medo de dizer não. Muitas vezes, temos uma tendência natural de querer agradar aos outros, de evitar conflitos ou de assumir mais do que podemos lidar, o que nos leva a dizer "sim" mesmo quando deveríamos dizer "não". É perfeitamente aceitável recusar algo que você não deseja fazer. Não há necessidade de inventar desculpas elaboradas; simplesmente diga: "Não, obrigado". Mantenha-se firme em sua decisão e não deixe que outros o pressionem ou o incomodem até que você mude de ideia. Lembre-se de que as pessoas sobreviverão e você também. Transforme essa negativa em um ato de autocuidado, especialmente quando sentir culpa ou achar que é sua obrigação resolver tudo. É importante compreender que dizer "não" não significa ser egoísta ou insensível aos outros. Pelo contrário, é uma demonstração de autenticidade e integridade, pois estamos sendo fiéis a nós mesmos e aos nossos valores.

O medo de impor limites e ficar sozinho é uma preocupação comum para muitas pessoas. Existe uma apreensão de que ao estabelecer limites claros e assertivos, podemos afastar os outros e nos sentir isolados. No entanto, é importante compreender que impor limites saudáveis não significa necessariamente alienar os outros, mas sim estabelecer um padrão de comportamento que promova o respeito mútuo e o bem-estar emocional. Embora possa haver alguma resistência inicial por parte de algumas pessoas, aqueles que verdadeiramente valorizam e respeitam nossos limites serão capazes de compreender e aceitar nossas necessidades. Além disso, ao impor limites de forma consistente, estamos definindo padrões saudáveis para nossos relacionamentos, promovendo uma comunicação mais clara e honesta, e fortalecendo nossa autoestima e autoconfiança.

Quando estamos em meio a outras pessoas, é comum experimentarmos uma sensação de vivacidade e conexão. No entanto, devido à nossa forte dependência da afetividade e da validação externa, tornamo-nos altamente sensíveis à forma como somos tratados pelos outros. É importante reconhecer que somos seres sociais e que as relações interpessoais desempenham um papel significativo em nossa saúde emocional. Ao nos conscientizarmos de nossa vulnerabilidade e nos comprometermos a cultivar relacionamentos respeitosos e positivos, podemos promover um ambiente mais acolhedor e satisfatório para nós mesmos e para os outros ao nosso redor.

Para garantir que os outros respeitem nossos "nãos", é importante comunicá-los de maneira clara e consistente, sem desculpas ou justificativas desnecessárias. Devemos ser firmes em nossas posições, mesmo que isso signifique enfrentar resistência ou desaprovação. Além disso, é crucial estabelecer limites saudáveis em nossos relacionamentos desde o início, definindo expectativas e padrões de comportamento aceitáveis. Isso envolve não apenas expressar nossos próprios limites, mas também respeitar os limites dos outros e reconhecer suas necessidades individuais. É essencial lembrar que o respeito mútuo é a base de qualquer relacionamento significativo. Ao nos comprometermos a respeitar os "nãos" uns dos outros, estamos cultivando uma cultura de empatia, compreensão e apoio mútuo. Isso fortalece os laços interpessoais e promove um ambiente onde todos se sentem valorizados e ouvidos.

Ao comunicar nossos sentimentos, é importante ser claro e direto, expressando nossas emoções de maneira assertiva, mas não agressiva. Em vez de culpar os outros por nossos sentimentos, podemos nos concentrar em como nos sentimos em relação a uma determinada situação e como isso nos afeta pessoalmente. Por exemplo, em vez de dizer: "Você sempre me faz sentir irritado quando não me ouve", podemos dizer: "Eu me sinto frustrado quando não me sinto ouvido". Da mesma forma, ao expressar nossas necessidades, devemos fazê-lo de forma clara e específica, evitando generalizações ou pressuposições. Identificar nossas necessidades e comunicá-las abertamente permite que os outros saibam como podem nos apoiar e colaborar conosco de maneira construtiva. Por exemplo, em vez de esperar que os outros adivinhem o que precisamos, podemos dizer explicitamente: "Eu preciso de apoio e compreensão neste momento".

Acredite, as pessoas irão suportar os seus limites! Muitas ficarão frustradas, mas faz parte do processo. Quando você notar que determinado movimento irá te machucar, se imponha, se proteja e informe as suas regras. Isso não significa ser egoísta, mas sim justo consigo mesmo. É importante saber conviver em grupo, e não é isso que irá te retirar do convívio social, você estará, apenas, delimitando contornos saudáveis para o seu desenvolvimento pessoal e social. Por qual motivo temos tanto medo de ficar sozinhos?

Em um contexto moderno, a solidão pode ser percebida como uma ameaça à nossa sobrevivência emocional, levando a uma sensação de vulnerabilidade e desconforto. Muitas vezes associamos a solidão à rejeição, ao abandono ou à falta de pertencimento, o que pode desencadear sentimentos de profunda tristeza e angústia. A solidão também pode desencadear pensamentos negativos sobre nós mesmos e nossa autoestima, levando a uma espiral descendente de autocrítica e baixa autoconfiança.

Outro aspecto a considerar é o medo do desconhecido e da introspecção que pode surgir quando estamos sozinhos. Ficar sozinho pode nos confrontar com nossos pensamentos mais profundos, emoções não processadas e questões não resolvidas, o que pode ser assustador e desconfortável. Muitas vezes, é mais fácil nos distrairmos com a companhia dos outros ou com atividades externas do que enfrentarmos nossas próprias questões internas. É importante reconhecer que a qualidade da solidão pode variar significativamente de pessoa para pessoa e que nem sempre estar sozinho é sinônimo de solidão. Algumas pessoas valorizam e até buscam momentos de solidão para refletir, recarregar as energias e se reconectar consigo mesmas. No entanto, para aqueles que experimentam um medo profundo da solidão, pode ser útil buscar apoio de amigos, familiares ou profissionais de saúde mental para desenvolver estratégias saudáveis de enfrentamento e cultivar um maior conforto com a própria companhia.

A solidão é frequentemente encarada de maneira tão adversa, pois manter a ordem mental de dentro para fora é uma tarefa desafiadora. Precisamos de objetivos claros, estímulo e validação externa para manter nossa atenção focada. Quando nos falta esse estímulo externo, nossa atenção tende a se dispersar e nossos pensamentos podem se tornar caóticos. Até a dor parece mais suportável do que o tumulto que invade uma mente sem foco. O sofrimento autoinfligido, seja ele físico ou emocional, garante que a atenção se volte para algo que, apesar de doloroso, é pelo menos controlável, uma vez que foi causado pela própria pessoa. Quando alguém não sabe como direcionar sua atenção durante os momentos de solidão, é inevitável buscar soluções externas rápidas: drogas, entretenimento, qualquer forma de diversão para entorpecer ou distrair a mente. É importante aprender a aproveitar a solidão para benefício próprio.

A maneira como encaramos a solidão tem um impacto significativo em nossas experiências. Se enxergamos o tempo sozinho como uma oportunidade para alcançar objetivos que não seriam possíveis na presença de outros, em vez de nos sentirmos solitários, podemos apreciar a solidão e até mesmo adquirir novas habilidades durante o processo. Por outro lado, se encaramos a solidão como algo a ser evitado a todo custo, e não como um desafio a ser superado, podemos entrar em pânico e buscar distrações que não nos levam a níveis mais profundos de autodesenvolvimento.

Não há garantias de que uma pessoa saudável, abastada, forte e influente terá mais controle sobre sua consciência do que alguém desprivilegiado, frágil e oprimido. A disparidade entre aqueles que desfrutam da vida e aqueles que se sentem sobrecarregados por ela resulta de uma interação entre esses fatores externos e a interpretação que fazem deles. Isso significa que a percepção dos desafios como ameaças ou como oportunidades de ação desempenha um papel crucial nessa equação.

Você precisa agir. Não permita que o seu receio da solidão te impeça de impor limites e aceitar tudo imposto pelo outro. Aos poucos e sem perceber vamos aceitando tudo ao nosso redor, nos acostumamos a viver no caos e, com isso, nos habituamos a receber cada vez menos. Com o tempo notamos que estamos vivendo com migalhas alheias, em alguns momentos até somos maltratados, mas acabamos ignorando. Lembre-se de que as suas regras devem estar sempre presentes, e você não deve aceitar o desrespeito de ninguém. Você não é obrigado a tolerar o intolerável. Se você notou que até agora não impôs nenhum limite, não se preocupe, nunca é tarde para dar esse passo.

CAPÍTULO 21

NÃO SEI MAIS QUAIS SÃO OS MEUS VALORES PESSOAIS.

Fortalecimento das forças de caráter

Quando pensamos em mudança de vida, alterações em nossa rotina e em nosso modo de pensar, sem perceber, automaticamente, acabamos procurando maneiras de mudar os outros. Sempre olhamos para o lado de fora e tendemos a achar culpados. Continuar a fazer coisas que não funcionaram no passado, comparar-se aos outros, preocupar-se com problemas alheios e tentar modificar quem está ao nosso lado, infelizmente, não te trará nenhuma evolução pessoal. Para transformar sua vida é essencial estar aberto a mudar a si mesmo. Pensamentos, sentimentos e ações estão intrinsecamente ligados; ao modificar um desses aspectos, os demais também serão impactados. Ao alterar as suas atitudes, os seus pensamentos sobre si mesmo também mudarão. Assim, ao sentir-se melhor consigo mesmo, você naturalmente se comportará de maneira mais positiva.

As forças de caráter desempenham um papel crucial na capacidade de uma pessoa ter o controle do seu dia a dia, influenciando sua capacidade de enfrentar desafios, manter o equilíbrio emocional, estabelecer relacionamentos saudáveis e alcançar seus objetivos. As forças de caráter são traços pessoais fundamentais que moldam nossa maneira de pensar, sentir e agir no mundo. Elas representam as características mais distintivas e positivas de uma pessoa e desempenham um papel crucial em sua jornada de autodescoberta, crescimento pessoal e busca por significado na vida. Essas forças são consideradas inerentes e universais, presentes em todas as culturas e sociedades, e são valorizadas como virtudes essenciais para uma vida bem-sucedida e satisfatória.

A teoria das forças de caráter foi desenvolvida por Martin Seligman e Christopher Peterson como parte da Psicologia Positiva, uma abordagem que se concentra no estudo e na promoção do bem-estar humano e da felicidade. Segundo essa teoria, existem 24 forças de caráter principais, cada uma representando uma qualidade positiva e única que contribui para o florescimento humano. Algumas das principais forças de caráter incluem a coragem, a bondade, a gratidão, a honestidade, a criatividade, a curiosidade, a perseverança, a sabedoria, a humildade e a espiritualidade, entre outras. Cada uma dessas forças possui suas próprias características e manifestações, e podem ser expressas de diferentes maneiras dependendo do contexto e das circunstâncias individuais.

Uma das premissas fundamentais das forças de caráter é que elas podem ser desenvolvidas e fortalecidas ao longo da vida por meio da prática deliberada e do cultivo intencional. Isso significa que, assim como podemos aprimorar nossas habilidades físicas e intelectuais por meio do treinamento e da educação, também podemos cultivar nossas forças de caráter por meio da reflexão, do autodomínio e da aplicação consciente em nossas vidas diárias. Quando estamos conscientes e em sintonia com as nossas forças de caráter, somos mais capazes de enfrentar os desafios e adversidades da vida com resiliência, compaixão e sabedoria.

Essas 24 forças de caráter são agrupadas em seis categorias amplas. Confira uma pequena definição de cada força de caráter.

Virtude da coragem:

- **Bravura:** demonstra valor. Não recua perante o medo. Defende aquilo que é correto;
- **Perseverança:** persistente. Determinado. Termina o que começa;
- **Honestidade:** autêntico. Confiável. Sincero;
- **Entusiasmo:** empolgado. Energizado. Não faz as coisas irresolutamente.

Virtude da humanidade:

- **Amor:** caloroso e genuíno. Valoriza relacionamentos próximos;
- **Bondade:** generoso. Cuidadoso. Compassivo. Altruísta;
- **Inteligência social:** consciente dos motivos e sentimentos de outros. Sabe o que motiva as outras pessoas.

Virtude da transcendência:

- **Apreciação da beleza e da excelência:** sente admiração/reverência e maravilhamento diante da beleza. Inspirado pelo bem dos outros;
- **Gratidão:** grato pelo bem. Expressa a gratidão. Sente-se abençoado;
- **Esperança:** otimista. Mente voltada para o futuro;

- **Humor:** divertido. Faz outros sorrirem. Alegre e despreocupado;
- **Espiritualidade:** busca o significado. Tem um senso de propósito. Sente ter um relacionamento com o sagrado.

Virtude da temperança:

- **Perdão:** misericordioso. Aceita as limitações de outros. Oferece uma segunda chance aos outros;
- **Humildade:** modesto. Deixa as realizações próprias falarem por si;
- **Prudência:** cautela. Cuidado. Não se expõe a risco indevido;
- **Autocontrole:** controla a si mesmo. Maneja impulsos e emoções.

Virtude da justiça:

- **Trabalho em equipe:** jogador de equipe. Socialmente responsável. Leal;
- **Imparcialidade:** justo. Não deixa os sentimentos enviesarem suas decisões sobre outros;
- **Liderança:** organiza atividades em grupo. Encoraja o grupo a terminar as coisas.

Virtude da sabedoria e conhecimento:

- **Criatividade:** original e adaptável, habilidoso. Resolvedor de problemas. Vê e faz as coisas de maneiras diferentes;
- **Curiosidade:** interessado. Explora coisas novas. Aberto a novas ideias;

- **Senso crítico:** pensador crítico. Pensa de maneira profunda nas coisas. Mente aberta;
- **Amor ao aprendizado:** domina novas habilidades e tópicos. Integra sistematicamente o conhecimento;
- **Perspectiva:** sábio. Fornece conselhos sábios. Vê o todo.

O único teste gratuito e validado psicometricamente que identifica as 24 forças de caráter pode ser acessado on-line em: https://www.viacharacter.org/ (com opção em português). Os resultados são disponibilizados imediatamente, apresentando as forças classificadas por ordem de importância. Esse questionário oferece comparações relativas, ou seja, comparações consigo mesmo, em vez de comparações absolutas com outras pessoas. Sugiro que você respeite cada etapa solicitada e responda às afirmações com muita atenção e foco.

Identifique qual é a sua principal força de caráter e reflita sobre como o contexto influencia essa força. Para isso, descreva uma situação em que você demonstrou essa força de forma intensa, refletindo sobre o impacto que teve. Em seguida, relate outra situação em que você demonstrou a mesma força, porém em menor grau. Analise como o ambiente, as pessoas envolvidas e o tipo de interação afetaram a expressão dessa força em menor intensidade. Desenvolvê-las e utilizá-las em nossas vidas diárias pode nos ajudar a alcançar um maior sentido de realização, felicidade e significado. Confira na tabela a seguir algumas possibilidades e exemplos de utilização das forças de caráter.

Forças de caráter	"Pequeno" exemplo do dia a dia
Criatividade	Inventar uma nova história para contar ao seu filho.
Curiosidade	Fazer perguntas a um vizinho.
Discernimento/ Senso crítico	Ler dois noticiários muito distintos para ter visões diferentes.
Amor ao aprendizado	Ler três artigos na internet sobre o mesmo tópico.
Perspectiva	Oferecer um conselho a um atendente que está tendo um dia ruim.
Bravura	Dirigir até o centro da cidade mesmo com medo de pegar muito trânsito.
Perseverança	Decidir responder dez e-mails de uma vez e completar a tarefa.
Honestidade	Admitir um erro ao lembrar-se da situação com imprecisão.
Entusiasmo	Fazer uma caminhada rápida de 10 minutos durante o intervalo.
Amor	Escutar atentamente um colega que teve um dia difícil.
Bondade	Segurar o elevador para alguém.
Inteligência social	Perguntar a um membro da família como ele está se sentindo quando demonstrar uma expressão facial de angústia.
Trabalho em equipe	Pedir *feedback* a um membro da equipe sobre um projeto de trabalho.

Imparcialidade	Ao distribuir doces para as crianças da vizinhança, assegurar-se de que todas recebam a mesma quantidade.
Liderança	Organizar um encontro de amigos para um almoço em um restaurante.
Perdão	Relaxar a tensão criada quando alguém lhe ultrapassa no trânsito.
Humildade	Esperar para compartilhar novidades positivas, para que a outra pessoa possa compartilhar sua história.
Prudência	Planejar um rápido café da manhã para dois.
Autocontrole	Escovar os dentes e usar fio dental pela manhã.
Apreciação da beleza e da excelência	Maravilhar-se com a habilidade e graciosidade de um esquiador olímpico em uma descida.
Gratidão	Oferecer um agradecimento pessoal para o universo ao acordar pela manhã.
Esperança	Sentir-se otimista sobre uma reunião de trabalho que se aproxima.
Humor	Sorrir para um estranho no transporte público.
Espiritualidade	Sentir um senso de significado durante uma prática de *mindfulness.*

Fonte: NIEMIEC, 2019, p. 48.

Algumas forças de caráter estão mais diretamente ligadas à felicidade; outras abrem portas para a realização e o alcance de objetivos; enquanto algumas parecem ter uma conexão mais forte com uma melhor saúde física. Quando analisadas mais profundamente, elas revelam uma complexidade multidimensional. Por exemplo, a bondade abarca aspectos como compaixão, generosidade, cuidado, encorajamento, altruísmo e gentileza; cada um conferindo uma nuance ou dimensão distinta a essa qualidade.

É importante considerar que sempre há subjetividade, influências individuais únicas e, sobretudo, nuances determinadas pelo contexto. O grau de manifestação das forças de caráter está intrinsecamente ligado ao ambiente em que se encontram. O contexto desempenha um papel crucial na compreensão e na utilização sábia das forças de caráter na prática.

Indivíduos provavelmente expressarão suas forças de caráter de maneiras diversas e em diferentes graus, dependendo das circunstâncias em que se encontram. Por exemplo, a forma como a bondade é expressa em relação ao parceiro romântico, tal como preparar o jantar, pode ser diferente da maneira como é demonstrada em relação a um morador de rua, como dar uma contribuição financeira. Além disso, um indivíduo pode encontrar facilidade em expressar bondade com colegas de trabalho, mas ter dificuldades em outras situações, como fornecer orientação a um cliente ou comunicar-se com um supervisor. Lembre-se que para uma análise aprofundada há necessidade de um auxílio profissional, pois é importante tomar cuidado com os rótulos e generalizações.

CAPÍTULO 22

AS PESSOAS AO MEU REDOR NÃO ESTÃO ME AJUDANDO.

Importância das boas amizades

Quando estamos vulneráveis, acabamos nos envolvendo com pessoas que nem sempre desejam o nosso bem-estar, admiram as nossas conquistas e nos amparam na dor. Saber avaliar as amizades, por exemplo, também é uma forma de aprender a lidar com o controle das situações. Sem perceber essas pessoas podem nos limitar e, aos poucos, apagam a nossa luz ao invés de permitir que ela brilhe ainda mais. Caminhe com pessoas que agreguem conhecimento e que te façam prosperar. Substitua relacionamentos nocivos por relacionamentos respeitosos. Para isso, é fundamental que você faça uma reflexão sobre como estão os seus relacionamentos atualmente. Primeiramente, pense em uma pessoa que você procuraria para contar uma notícia boa ou ruim. Em seguida, pense em alguém que você evita ou alguém com quem você esteja enfrentando desafios. Por último, faça uma reflexão sobre como deseja que os outros se sintam na sua presença.

Andar com pessoas que promovem o seu crescimento pessoal é fundamental para o desenvolvimento e a realização individuais. Em um nível básico, somos influenciados pelo ambiente e pelas pessoas ao nosso redor. Portanto, a escolha cuidadosa das pessoas com quem compartilhamos nosso tempo pode ter um impacto significativo em nossas vidas. Em primeiro lugar, estar cercado por pessoas que possibilitam o crescimento pessoal nos desafia a sair da nossa zona de conforto. Essas pessoas geralmente têm metas ambiciosas e uma mentalidade de crescimento, o que nos inspira a buscar o mesmo para nós mesmos. Elas nos encorajam a estabelecer objetivos desafiadores e nos apoiam enquanto trabalhamos para alcançá-los.

Além disso, relacionar-se com pessoas que favorecem o crescimento pessoal nos oferece oportunidades de aprendizado contínuo. Podemos compartilhar conhecimentos, experiências e perspectivas uns com os outros, o que enriquece nossa compreensão do mundo e nos ajuda a expandir nossos horizontes. Essas trocas nos permitem desenvolver novas habilidades, adquirir novas ideias e descobrir novas paixões. Outro benefício é o apoio emocional e motivacional que recebemos delas.

Em momentos de dificuldade ou dúvida, essas pessoas nos incentivam e nos fortalecem, lembrando-nos do nosso potencial e nos ajudando a superar obstáculos. Sua presença positiva e encorajadora nos dá confiança para perseverar diante dos desafios e nos ajuda a manter uma atitude positiva. Também nos permite construir relacionamentos significativos e duradouros. Essas conexões são baseadas em valores compartilhados, respeito e apoio mútuo, criando um senso de comunidade e pertencimento que é vital para o nosso bem-estar emocional e mental.

O relacionamento entre amigos, por exemplo, pode ser comparado a remar barcos em um rio. Assim como remadores em um barco, amigos compartilham o peso e o esforço de navegar pelas correntezas da vida. Quando estão sincronizados e trabalham juntos em harmonia, conseguem superar os obstáculos com mais facilidade. Porém, se um remador rema em direção oposta ou não contribui com o esforço conjunto, o barco pode girar em círculos ou até mesmo ficar encalhado. Da mesma forma, em uma amizade, a cooperação, a comunicação e o apoio mútuo são essenciais para navegar pelas águas turbulentas da vida. Quando os amigos estão alinhados em seus objetivos e comprometidos uns com os outros, são capazes de enfrentar qualquer desafio que surja em seu caminho.

Quando esses objetivos e valores diferem significativamente pode surgir um conflito de interesses e uma sensação de desconexão. Isso pode ser especialmente desafiador quando estamos buscando crescer pessoalmente, profissionalmente ou emocionalmente. Em muitos casos, pode ser difícil reconhecer que uma amizade não está mais alinhada aos nossos objetivos e valores. Podemos nos sentir obrigados a manter essas amizades por medo da solidão, culpa ou preocupação com o que os outros pensarão. No entanto, é importante lembrar que nossas amizades devem nos apoiar, inspirar e motivar a alcançar nosso pleno potencial.

Ao avaliar nossas amizades, é crucial considerar como elas nos impactam em diferentes áreas de nossas vidas. Se uma amizade estiver consistentemente minando nossos esforços para crescer e alcançar nossos objetivos, pode ser necessário reavaliar o valor dessa relação em nossa vida. Isso não significa necessariamente cortar todos os laços com amigos que não compartilham nossos objetivos e valores. Precisamos compreender que iremos percorrer vários perfis e configurações de grupos, e isso é absolutamente saudável e esperado, porém, conforme mencionei anteriormente, há necessidade de impor regras e limites de forma clara.

Os relacionamentos verticais e horizontais representam duas formas distintas de interação humana, cada uma com suas próprias características e dinâmicas. Enquanto os relacionamentos verticais são baseados em hierarquia e autoridade, os relacionamentos horizontais são mais igualitários e colaborativos. Vamos explorar mais detalhadamente essas duas formas de relacionamento e suas diferenças. Relacionamentos verticais são aqueles em que há uma clara distinção de poder e *status* entre as partes envolvidas. Esses relacionamentos são frequentemente encontrados em contextos como o trabalho, a educação e a família, em que uma pessoa ou grupo exerce autoridade sobre os outros. Nessas dinâmicas, as decisões e direções geralmente vêm de cima para baixo, e há uma expectativa de obediência e respeito à autoridade.

Por outro lado, os relacionamentos horizontais são caracterizados por uma distribuição mais equitativa de poder e influência entre as partes envolvidas. Nesses relacionamentos, as pessoas interagem como iguais, colaborando e tomando decisões em conjunto. Essa abordagem é comumente encontrada em grupos de pares, como amizades, parcerias de negócios e equipes de trabalho colaborativas. Aqui, as decisões são tomadas de forma mais democrática, com base no consenso e na troca de ideias entre os membros do grupo.

Uma das principais diferenças entre os relacionamentos verticais e horizontais está na dinâmica de poder e na forma como as decisões são tomadas. Nos relacionamentos verticais, a autoridade é centralizada em uma pessoa ou grupo, enquanto nos relacionamentos horizontais, o poder é distribuído entre os membros do grupo. Isso significa que, nos relacionamentos verticais, pode haver uma maior desigualdade de poder e uma tendência maior para a submissão e a conformidade, enquanto nos relacionamentos horizontais, há mais espaço para a autonomia e a colaboração. Além disso, os relacionamentos verticais tendem a ser mais formais e estruturados, com regras claras de comportamento e expectativas de desempenho, enquanto os relacionamentos horizontais são mais informais e flexíveis, permitindo uma maior liberdade e expressão individual. Isso pode afetar a natureza e a qualidade da comunicação e interação entre as partes envolvidas, com os relacionamentos verticais sendo mais direcionados por metas e objetivos específicos, e os relacionamentos horizontais sendo mais orientados para o apoio mútuo e o compartilhamento de experiências.

Quando nos comparamos a outras pessoas, muitas vezes nos encontramos rotulando a nós mesmos como "vencedores" ou "perdedores". No entanto, isso não é o mesmo que reconhecer e apreciar as diferenças entre nós e os outros. Em vez disso, trata-se de comparações que nos fazem duvidar de nossa própria valia e nos sentirmos inadequados. Quando a competição invade as amizades, as relações muitas vezes sofrem. A busca pela superioridade pode corroer a confiança e a intimidade, que são a base de uma amizade saudável. Em vez de apoiar uns aos outros, os amigos podem se ver constantemente tentando superar ou impressionar um ao outro. Isso cria um ambiente de tensão e rivalidade, onde o sucesso de um é percebido como uma ameaça pelo outro.

Essa competição pode distorcer a comunicação e a interação entre amigos. Em vez de se expressarem abertamente e compartilharem honestamente suas experiências e emoções, os amigos podem se sentir obrigados a mascarar suas verdadeiras intenções e sentimentos, com medo de serem vistos como fracos ou inferiores. Participar de uma hierarquia vertical em relação aos outros é uma experiência incerta, independentemente de estarmos no topo ou na base dessa hierarquia. Mesmo quando nos encontramos "um degrau acima" dos outros, podemos nos sentir pressionados a manter nossa posição, constantemente preocupados em ser superados. Nessa dinâmica, nossa autoestima e valor pessoal tornam-se dependentes da comparação com os outros. Em ambientes onde conhecidos se comparam usando critérios subjetivos de sucesso ou popularidade, podem surgir sentimentos de inveja, ressentimento e inadequação.

Nesse processo de obter o controle do que está ao seu alcance e ao fazer novas escolhas você começará a notar o quanto as mudanças irão impactar quem está ao seu lado e como será importante você saber viver com a comparação. É importante reconhecer que a excelência de alguém em uma área específica não diminui a nossa própria capacidade de nos desenvolvermos de maneira única e significativa. Podemos aprender a valorizar nossas habilidades individuais, sem nos sentirmos compelidos a competir constantemente com os outros. Em vez disso, podemos buscar a colaboração e a cooperação em nossos relacionamentos, reconhecendo e valorizando a diversidade de talentos e perspectivas.

Ao promover uma cultura de cooperação em vez de competição, não apenas nos sentimos melhores conosco, mas também contribuímos para o bem-estar dos outros ao nosso redor. Isso é especialmente importante em contextos familiares e educacionais, onde nossas atitudes e comportamentos podem influenciar significativamente o ambiente e o desenvolvimento das pessoas ao nosso redor. Por fim, observe quem está do seu lado e priorize quem soma e não quem subtrai.

CAPÍTULO 23

TENHO RECEIO DE ME ENTREGAR AO AMOR.

Construção de diálogo e parceria

O receio de que um relacionamento amoroso possa tirar o controle de nossa vida pessoal é uma preocupação bastante comum para muitas pessoas. Esse medo muitas vezes deriva de experiências passadas, inseguranças pessoais e até mesmo de expectativas sociais. A ideia de perder a autonomia e a liberdade individual ao se comprometer emocionalmente com um parceiro pode gerar ansiedade e hesitação em mergulhar profundamente em um relacionamento. Esse temor é frequentemente alimentado pela crença equivocada de que estar em um relacionamento significa sacrificar nossa identidade e independência. No entanto, é importante compreender que um relacionamento saudável deve agregar valor à nossa vida pessoal, em vez de restringi-la. Para lidar com esse medo, é essencial cultivar uma comunicação aberta e honesta com o parceiro, estabelecendo limites claros e respeitando as necessidades individuais de ambos. Isso possibilita que cada um mantenha um senso de autonomia e controle sobre suas próprias vidas, ao mesmo tempo em que desfrutam dos benefícios de um relacionamento amoroso.

Manter um equilíbrio saudável entre o tempo dedicado ao relacionamento e o tempo reservado para atividades e interesses individuais também é essencial. Dessa forma, podemos nutrir tanto os aspectos coletivos quanto os individuais de nossa vida, garantindo que não nos sintamos sobrecarregados ou limitados pelo relacionamento. Enfrentar o medo de perder o controle em um relacionamento amoroso envolve compreender que o amor verdadeiro não deve ser uma fonte de restrição ou opressão, mas sim de crescimento, apoio e felicidade mútua. Ao construir relacionamentos baseados no respeito, na comunicação e no comprometimento mútuos, podemos encontrar um equilíbrio saudável entre a intimidade emocional e a autonomia individual.

Nos dias de hoje, em que a independência individual é valorizada e promovida, pode parecer paradoxal ou até mesmo desnecessário priorizar os relacionamentos amorosos. No entanto, a importância de nos relacionarmos amorosamente permanece significativa, mesmo em um contexto de autonomia e autossuficiência. Em primeiro lugar, os relacionamentos amorosos oferecem uma fonte única de apoio emocional e conforto. Embora possamos ser independentes em muitos aspectos de nossas vidas, ainda há momentos em que precisamos da presença e do apoio de um parceiro amoroso para enfrentar desafios, lidar com o estresse e celebrar nossas conquistas. Ter alguém com quem compartilhar nossas alegrias e tristezas pode enriquecer profundamente nossas vidas e nos proporcionar um senso de pertencimento e conexão emocional.

Tais relacionamentos também desempenham um papel crucial no nosso desenvolvimento pessoal e crescimento emocional. Eles nos desafiam a crescer, a aprender, a nos comunicar de forma eficaz, a comprometer-nos e a resolver conflitos de maneira construtiva. Ao nos relacionarmos amorosamente, somos confrontados com nossos próprios limites, vulnerabilidades e áreas de crescimento, o que nos permite evoluir e nos tornarmos pessoas mais maduras e compassivas. O apoio emocional e o senso de conexão que um parceiro amoroso pode oferecer podem ajudar a amortecer o impacto do estresse e fortalecer nossa resiliência emocional diante das adversidades da vida.

Os relacionamentos amorosos podem nos inspirar e motivar a alcançar nossos objetivos e aspirações pessoais. Um parceiro amoroso que nos apoia, nos encoraja e nos desafia a buscar o melhor de nós mesmos pode ser um catalisador poderoso para o nosso crescimento e realização pessoal. Eles podem nos ajudar a descobrir nossos talentos, a superar nossos medos e a perseguir nossos sonhos com confiança e determinação; nos proporcionam uma oportunidade única de compartilhar nossa vida com outra pessoa, de forma íntima e significativa. Eles nos permitem construir memórias compartilhadas, criar uma história em conjunto e construir um legado que perdurará além de nós mesmos. Ao nos relacionarmos amorosamente, podemos experimentar o verdadeiro significado da conexão humana e do amor incondicional, enriquecendo nossas vidas de maneiras que transcendem a independência individual.

Por outro lado, embora o contato humano e a conexão sejam fundamentais para a autorregulação fisiológica, o receio de intimidade muitas vezes surge do medo de reviver experiências passadas de mágoa, traição e abandono. A vergonha desempenha um papel significativo nesse processo, gerando preocupações de que, ao se revelar verdadeiramente, será rejeitado por ser considerado inaceitável.

Traumas não resolvidos têm um impacto profundo nos relacionamentos, alimentando o receio de se abrir para o outro e causando inadvertidamente feridas antes mesmo que a outra pessoa tenha a chance de fazê-lo. Esse dilema representa um desafio real para a recuperação. Reconhecer que as reações pós-traumáticas foram inicialmente tentativas de autoproteção é o primeiro passo para confrontar as emoções internas. No entanto, essa jornada requer apoio. Encontrar alguém em quem confiar, alguém capaz de acolher suas emoções mais intensas e sombrias, é essencial. Você precisa de alguém disposto a ouvir suas mensagens internas e dolorosas sem medo, alguém que possa oferecer suporte enquanto você explora experiências há muito tempo ocultas até de si mesmo.

Para a maioria das pessoas traumatizadas, navegar por esse processo exige uma âncora sólida e suporte significativo. A jornada rumo à evolução é facilitada por uma presença confiável e compreensiva, capaz de proteger sua integridade enquanto você enfrenta as camadas profundas de sua experiência traumática. Uma etapa crucial é aprender a lidar com as memórias do passado sem permitir que elas dominem o presente. No entanto, muitas pessoas, mesmo aquelas que demonstram competência e habilidade em várias áreas da vida, enfrentam um desafio ainda maior: reestruturar um sistema mental que foi desenvolvido para lidar com situações extremas. Assim como é necessário revisitar lembranças traumáticas para integrá-las, também é essencial examinar as partes de nós mesmos que adotaram hábitos defensivos como forma de sobrevivência.

A reciprocidade é um componente fundamental para que tudo flua de forma positiva e para que, aos poucos, essa pessoa desenvolva confiança no relacionamento atual. Ela se baseia no princípio da troca equitativa de afeto, apoio, cuidado e comprometimento entre os parceiros. Quando a reciprocidade está presente, ambos os membros do casal se sentem valorizados, respeitados e amados, o que fortalece os laços afetivos e promove o crescimento mútuo. Os parceiros compartilham igualmente tanto os prazeres quanto as responsabilidades da vida a dois. Isso significa que ambos se esforçam para contribuir de forma equitativa para o bem-estar do relacionamento, assumindo responsabilidades domésticas, tomando decisões conjuntas e apoiando-se mutuamente em todas as áreas da vida.

Você está fazendo tudo sozinho? Sente que se esforça muito mais que o outro lado? Vocês não possuem os mesmos planos? Os interesses do casal estão caminhando para lados opostos? Você não está sendo ouvido? Nenhuma mensagem respondida? Em certos momentos da vida, é comum haver um desequilíbrio nas responsabilidades entre as partes de um relacionamento. No entanto, a preocupação surge quando essa disparidade se torna significativa, com uma parte contribuindo muito mais do que a outra. Isso pode ser evidente desde o início do relacionamento, durante o período de conhecimento mútuo. É importante que cada pessoa faça a sua parte, pois isso permite identificar as lacunas na contribuição do outro. Muitas vezes, quando começamos um relacionamento, estamos profundamente envolvidos e idealizamos uma história que desejamos viver. Diante da falta de iniciativa do outro, tendemos a assumir o controle e realizar tarefas que deveriam ser compartilhadas.

Frequentemente, nos vemos compensando a falta de iniciativa do parceiro, seja através de ligações, mensagens ou gestos de carinho. Essa dinâmica pode se tornar unilateral, com uma pessoa sempre tomando a frente nas propostas, nos investimentos e nos esforços. Enquanto isso, a outra parte se acomoda e se acostuma a essa situação, sem contribuir de forma equitativa para o relacionamento. Neste momento, é importante evitar a atribuição de culpa ao outro. Em um relacionamento, cada indivíduo contribui de alguma forma e não há um culpado específico. Se você assume muitas responsabilidades pelo outro, pode ser que ele não perceba a falta de participação, pois você preenche as lacunas sem dar oportunidade para ele refletir sobre sua própria atuação. Ao suprir esses vácuos, você não permite que ele reconheça sua própria postura.

À medida que nos expressamos, abrimos espaço para que o outro também se expresse. Como vocês estão facilitando o diálogo para conhecer um ao outro? Embora pareça óbvio, o outro pode não entender suas entrelinhas se você não for claro e expressar suas necessidades e preferências. A comunicação no relacionamento é essencial para estabelecer limites e expectativas mútuas. Evite se colocar em uma posição inferior ou aceitar menos do que merece. Em um relacionamento saudável, as ações, sentimentos e esforços de cada um têm um impacto no outro, criando um ciclo de amor, cuidado e respeito mútuo. Embora a ideia de "fazer sem esperar algo em troca" possa ser válida em certos contextos, é importante reconsiderá-la quando se trata de relacionamentos amorosos. Manter o equilíbrio entre a parceria no relacionamento e o controle da vida pessoal requer muita comunicação e confiança. É fundamental reconhecer que cada indivíduo é único, com suas próprias aspirações e valores, e que o relacionamento deve ser um complemento para a vida pessoal, e não uma fonte de restrição ou controle.

CAPÍTULO 24

MINHA VIDA ESTÁ UM CAOS, NEM SEI POR ONDE COMEÇAR.

Seletividade e foco

Você já se sentiu descontrolado com os inúmeros pedidos que recebeu, incapaz de saber identificar quais eram os mais importantes? Pois é, essa sensação é comum quando nos permitimos tentar fazer de tudo um pouco, quando aceitamos muitas tarefas e quando, sem perceber, focamos na quantidade ao invés da qualidade. É importante que você seja seletivo. Faça menos coisas, mas faça o seu melhor. Trata-se de direcionar seu tempo e energia de maneira inteligente para oferecer sua maior contribuição, priorizando apenas o que é necessário. Descobrimos uma liberdade imensa quando aprendemos a descartar o que não é relevante e quando percebemos que não estamos mais à mercê dos interesses alheios. Passamos a agir por nós mesmos em vez de esperar que outros ajam por nós. Tal fato nos proporciona um grande controle sobre nossas próprias escolhas e nos leva a alcançar um novo patamar de autoconhecimento.

À medida que somos sobrecarregados com uma quantidade crescente de opções, nossa habilidade de discernir entre o indispensável e o dispensável é comprometida. O excesso de escolhas pode diminuir a qualidade das resoluções. Cada escolha que fazemos consome energia mental e, à medida que o dia avança, essa reserva de energia vai se esgotando. Isso pode levar a uma diminuição na qualidade das decisões tomadas, bem como a um aumento na procrastinação ou na evitação de novas escolhas.

Quando estamos sobrecarregados com muitas decisões, desde as mais simples até as mais complexas, nosso cérebro pode ficar exausto e menos capaz de tomar decisões racionais e eficazes. Isso pode resultar em uma maior propensão a escolhas impulsivas, falta de atenção aos detalhes e até mesmo a decisões baseadas em emoções. Por exemplo, alguém que passou o dia tomando decisões no trabalho pode se sentir menos inclinado a tomar decisões importantes em casa, como planejar refeições ou resolver problemas familiares.

Uma abordagem eficaz para lidar com tal situação é a seletividade, ou seja, priorizar as decisões mais importantes. Isso permite concentrar a energia mental nas escolhas que realmente importam, reservando recursos para situações críticas. Simplificar as decisões sempre que possível pode ser útil. Isso pode incluir o estabelecimento de padrões preestabelecidos para reduzir a necessidade de tomar decisões repetidas vezes. Outra estratégia é dividir as grandes decisões em etapas menores e mais gerenciáveis. Isso pode tornar o processo de tomada de decisão menos intimidador e ajudar a evitar a sobrecarga mental. Também é importante reconhecer os sinais dessa sensação e fazer pausas quando necessário. Isso não representa fraqueza, mas sim foco na sua seletividade.

A principal influência externa é a pressão social. Estamos constantemente expostos a normas sociais, expectativas e opiniões dos outros, que podem exercer uma pressão poderosa sobre nossas escolhas. Por exemplo, em situações onde há uma expectativa social clara, como em eventos sociais ou no ambiente de trabalho, podemos nos sentir compelidos a tomar decisões que são mais socialmente aceitáveis, mesmo que não sejam as melhores para nós. O ambiente em que estamos inseridos pode influenciar significativamente nossas escolhas, ou seja, em um ambiente caótico ou estressante, podemos ser mais propensos a tomar decisões impulsivas ou arriscadas. Da mesma forma, em um ambiente calmo e estruturado, podemos ser mais propensos a tomar decisões cuidadosas e ponderadas.

Essa abundância de opiniões pode ser esmagadora e desgastante para muitas pessoas. À medida que somos bombardeados com uma multiplicidade de pontos de vista contraditórios, é fácil ficar confuso e indeciso sobre o que pensar ou acreditar. A constante exposição a opiniões divergentes também pode levar a uma sensação de sobrecarga cognitiva, tornando difícil processar e assimilar todas as informações. Além do que, a sobrecarga de opiniões pode levar à polarização e ao conflito, especialmente em questões controversas. Quando somos expostos a uma ampla gama de opiniões sobre um tópico, é natural que nos sintamos inclinados a nos alinhar com aqueles que compartilham nossas próprias crenças e valores, criando bolhas de filtro ideológicas e reforçando nossos próprios preconceitos.

Existe um mito profundamente arraigado em nossa sociedade de que podemos ter e fazer tudo o que desejamos. Esse ideal, embora sedutor, muitas vezes nos leva a uma armadilha, onde acabamos sobrecarregados, dispersos em nossas atividades e, consequentemente, sem saber selecionar o que é primordial. A ideia de que podemos ter sucesso em todas as áreas da vida simultaneamente nos coloca sob uma pressão implacável para alcançar um padrão impossível de perfeição. Na busca incessante por acumular mais, fazer mais e ser mais, acabamos nos afastando do que realmente importa. Nos perdemos em uma infinidade de escolhas, compromissos e responsabilidades, esquecendo-nos de que nossos recursos, sejam eles tempo, energia ou atenção, são limitados.

Para evitar perder o controle antes que seja tarde demais, não basta simplesmente rejeitar oportunidades aleatoriamente; é crucial eliminar de forma intencional, deliberada e estratégica tudo aquilo que não é essencial. Isso envolve não apenas se desfazer de atividades que são claramente um desperdício de tempo, mas também renunciar a certas oportunidades que, embora pareçam promissoras, não contribuem para nossos objetivos essenciais. Em vez de ceder às pressões sociais que nos puxam em diversas direções, devemos aprender a reduzir, simplificar e focar no que é realmente importante, eliminando todo o resto.

Ao aplicar critérios seletivos e explícitos em nossas decisões e escolhas, estamos adotando uma abordagem mais consciente e direcionada para nossa vida. Em vez de permitir que as circunstâncias ou pressões externas determinem nossas ações, estamos assumindo o controle e definindo padrões claros para guiar nossas decisões. Esses critérios seletivos são fundamentais para nos ajudar a priorizar o que é mais importante e significativo para nós. Eles nos permitem discernir entre o essencial e o dispensável, identificando aquilo que realmente contribui para nossos objetivos e valores pessoais. Ao estabelecer critérios explícitos, estamos definindo padrões claros e mensuráveis que nos auxiliam na tomada de decisões mais alinhadas a nossas metas e aspirações.

Ao tornar nossos critérios explicitamente conhecidos para nós mesmos e para os outros, estamos criando uma base sólida para comunicação e colaboração eficazes. Isso nos permite articular nossas necessidades, preferências e expectativas de forma clara e assertiva, facilitando a construção de relacionamentos saudáveis e produtivos. Ao ter uma compreensão clara do que valorizamos e buscamos alcançar, podemos direcionar nossa energia e atenção para as atividades e oportunidades que verdadeiramente nos impulsionam em direção aos nossos objetivos. Isso nos protege da sobrecarga de informações e do desperdício de tempo em atividades que não agregam valor significativo à nossa vida.

Em vez de se contentar com algo que seja apenas "bom o suficiente" ou satisfatório, devemos buscar apenas as melhores opções, aquelas que se destacam e agregam um valor excepcional às nossas vidas. Se algo não desperta um forte entusiasmo e não está claramente alinhado a nossas prioridades essenciais, devemos rejeitá-lo automaticamente. Ao dizer não às distrações e demandas secundárias, abrimos espaço e capacidade para nos dedicarmos de forma mais profunda e significativa às áreas que realmente valorizamos, sempre com excelência e foco. Você deve estar se perguntando como implementar isso no seu dia a dia de forma prática e objetiva. Nesse momento eu imagino que você já esteja com todos os seus objetivos em mente para se tornar mais seletivo a partir de agora. Então eu sugiro que você utilize uma escala mental de 0 a 10 em todas as situações decisivas daqui em diante.

Você vai precisar de muita disciplina, pois ser seletivo implica renunciar inúmeras possibilidades que também parecem ser muito boas e convidativas. Em uma escala de 0 a 10 se os seus critérios não atingirem uma pontuação 09 você deve eliminar a ideia. Sim, se você deseja seguir no controle dos seus passos e com força para encarar diversos obstáculos, você vai precisar ser muito radical. Encare a pontuação próxima da média, ou seja, 06 ou 07 como um não, cuidado com o pensamento de que você poderia dar uma chance. Quando pensamos em seletividade não estamos pensando em lapidar uma escolha para que, após aprimorada, ela alcance os 10 pontos. A ideia é ser direto. Lembre-se: o seletivo não perde tempo com medo do que os outros vão pensar. Isso não é preconceito e nem arrogância. É saber ter o controle da situação para guiá-la com assertividade e segurança.

CAPÍTULO 25

NÃO TENHO PACIÊNCIA PARA MAIS NADA E NINGUÉM.

Refletir é fundamental

Aprenda a refletir. Cuidado com o piloto automático. Parece tão simples, mas com tantos estímulos, o universo digital, hoje em dia, até pensa por nós. Antigamente, quando perdíamos um voo no aeroporto, ficávamos sentados, entediados, vendo inúmeras pessoas passarem enquanto os ponteiros do relógio não giravam. Hoje nos conectamos e nos transportamos para outro país sem precisar entrar dentro da própria aeronave. Quando evitamos a oportunidade de nos entediarmos também evitamos a oportunidade de refletirmos. Quando foi a última vez que você se sentou e apenas pensou sobre a vida? Aqui me refiro a um momento exclusivo para essa finalidade, não é um acúmulo de pensamentos enquanto você cozinha ou dirige ou passeia entre lojas. É um lugar totalmente isolado e direcionado para isso. Delimitar um tempo e espaço para pensar assegura o controle do seu dia a dia evitando que você fique refém dele. Para além, reservar um tempo para reflexão irá possibilitar o controle sobre como você utilizará o restante do mesmo.

A importância de ponderar antes de agir em situações de grande impacto não pode ser subestimada, pois são nesses momentos que as decisões têm o potencial de moldar significativamente o rumo do nosso dia a dia e o mundo ao nosso redor. Primeiramente, o processo de reflexão permite uma avaliação mais completa das possíveis ramificações de uma decisão. Ao considerar cuidadosamente as implicações de diferentes cursos de ação, é possível antecipar os resultados prováveis e identificar os possíveis obstáculos ou desafios que podem surgir. Isso proporciona uma base mais sólida para a tomada de decisões informadas e conscientes, minimizando a probabilidade de efeitos adversos ou surpresas desagradáveis no futuro.

Ao reservar um tempo para ponderar sobre as motivações subjacentes, os valores pessoais e os objetivos de longo prazo, é possível tomar decisões alinhadas com quem se é verdadeiramente e com o que se busca alcançar na vida. Outro aspecto importante é a capacidade de evitar impulsividade e reações precipitadas. Quando nos permitimos um momento para refletir e considerar alternativas, somos menos propensos a ser influenciados por emoções transitórias ou pressões externas. Isso nos dá a oportunidade de agir de maneira mais calma, ponderada e racional, aumentando a probabilidade de tomar decisões que sejam verdadeiramente benéficas e satisfatórias a longo prazo.

Pensar antes de agir permite uma abordagem mais estratégica e deliberada para alcançar metas e objetivos. Ao traçar um plano de ação claro e bem pensado, é possível identificar os passos necessários para obter o sucesso e minimizar os riscos associados. Isso proporciona uma sensação de direção e controle sobre o processo, permitindo que se avance de forma mais eficaz e eficiente em direção aos objetivos desejados.

Outro ponto que merece destaque é a capacidade de ficar sozinho para a referida reflexão. Quando nos permitimos ficar sozinhos, longe das distrações e influências externas, abrimos espaço para nos reconectarmos com nossos pensamentos, sentimentos e valores mais profundos. É durante esses momentos de introspecção que podemos refletir sobre nossas experiências passadas, examinar nossas crenças e padrões de pensamento, e avaliar nossas metas e prioridades na vida. Essa reflexão profunda nos permite entender melhor a nós mesmos, nossas motivações e aspirações, e nos ajuda a tomar decisões mais alinhadas com nossos verdadeiros desejos e propósitos. Além disso, ficar sozinho para reflexão também nos oferece a oportunidade de recarregar nossas energias mentais e emocionais. Em um mundo constantemente bombardeado por estímulos externos, o tempo de solidão pode servir como um antídoto para o estresse e a sobrecarga cognitiva. É um momento para desacelerar, relaxar e descomprimir, permitindo que nossa mente e corpo se recuperem e se revitalizem.

Quando aprendemos a desfrutar da nossa própria companhia e a lidar com nossos próprios pensamentos e emoções, tornamo-nos menos dependentes da validação externa e mais capazes de nos sustentar emocionalmente em tempos de adversidade. Isso nos permite cultivar um senso de independência e fortalecer nossa capacidade de enfrentar os desafios da vida com confiança e determinação. No entanto, é importante notar que ficar sozinho para reflexão nem sempre é fácil ou confortável. Pode ser confrontador e até mesmo assustador enfrentar nossos próprios pensamentos e emoções sem distrações externas para nos espairecer. Contudo, é precisamente nesses momentos de desconforto que o crescimento pessoal e a transformação ocorrem. Ao abraçar a solidão como uma oportunidade para crescimento e autoconhecimento, podemos colher os inúmeros benefícios que ela oferece e viver vidas mais autênticas e significativas.

Em diversas situações estamos condicionados a buscar validação e aceitação dos outros antes de agirmos de acordo com nossos próprios desejos e convicções. Apesar disso, essa dependência excessiva da aprovação externa pode nos tornar vulneráveis à manipulação e nos impedir de seguir o caminho que verdadeiramente desejamos. Quando aprendemos a assumir a responsabilidade por nossas escolhas e agir de acordo com nossos valores e objetivos pessoais, tornamo-nos mais autênticos e assertivos em nossas ações. Isso significa não buscar constantemente a aprovação ou validação dos outros antes de tomar uma decisão, mas sim confiar em nosso próprio julgamento.

Ao assumir as próprias decisões, somos capazes de cultivar uma maior sensação de controle sobre nossas vidas e direcionar nosso próprio destino. Em vez de sermos passivos e deixarmos que outros determinem nosso curso, tomamos as rédeas e nos tornamos os protagonistas de nossa própria narrativa. Porém, é importante ressaltar que assumir as próprias decisões não significa agir de forma impulsiva ou egoísta. Significa considerar cuidadosamente nossas opções, pesar os prós e os contras e tomar uma decisão informada que seja consistente com nossos valores e objetivos pessoais. Isso requer autoconhecimento, introspecção e, às vezes, coragem para desafiar as expectativas e normas sociais. Uma das principais vantagens de assumir as próprias decisões é a liberdade de viver uma vida autêntica e alinhada aos nossos verdadeiros desejos e aspirações. Quando confiamos em nossa própria capacidade de tomar decisões, nos libertamos das expectativas e julgamentos dos outros e abrimos espaço para explorar novas oportunidades e experiências que nos tragam felicidade e realização.

CAPÍTULO 26

EU SINTO UM VAZIO ENORME.

Um dia de cada vez

"Tenha paciência!"

"O tempo cura tudo."

"A sua hora vai chegar."

Eu tenho certeza de que você já ouviu alguma dessas três frases. Quando não estamos bem, essas afirmações, infelizmente, parecem não ajudar muito. Seguimos com aquela sensação de que esse tal tempo e cura não chegarão nunca. Nesse momento é importante que você aprenda a descansar, aprenda a contemplar e aprenda a silenciar. Para você conseguir manter o controle de sua vida talvez haja necessidade de se afastar de pessoas, coisas e lugares. Abrace a solitude sem medo. Converse com o vazio e permita-se encontrar com você mesmo. Tudo acontece como e quando deve acontecer, nem antes e nem depois, acredite no tempo do processo e no tempo da vida. Aos poucos vamos aprendendo que é preciso superar e seguir em frente com a cabeça erguida. Recomece quantas vezes for necessário.

No entanto, a força da solitude não reside apenas na contemplação introspectiva, mas também na capacidade de enfrentar a solidão com coragem e serenidade. Em vez de temer o vazio do isolamento, aprendemos a abraçá-lo como um aliado poderoso em nossa jornada de crescimento pessoal. Encontramos conforto na sensação de liberdade e independência que a solidão nos proporciona, permitindo-nos explorar novas dimensões de nossa própria existência sem as amarras das expectativas externas. É na solidão que descobrimos a verdadeira medida de nossa própria força interior. Enfrentamos nossos desafios mais difíceis e emergimos mais resilientes e confiantes do que nunca. A solitude nos ensina a encontrar a paz dentro de nós mesmos, independentemente das circunstâncias externas, e nos capacita a enfrentar os altos e baixos da vida com graça e determinação.

Você não tem controle sobre as ações ou comportamentos das pessoas ao seu redor, nem sobre como elas escolhem interagir consigo. Você não pode garantir a permanência de algo ou alguém, nem a reciprocidade nas relações. A maturidade dos outros também está além do seu controle. No entanto, você tem controle sobre sua própria postura e onde decide permanecer em meio a essas situações. É essencial desenvolver a capacidade de lidar com a incerteza, pois grande parte da vida escapa ao nosso controle. Em vez de resistir ou lutar contra essa realidade, devemos direcionar nossa energia para aquilo que realmente podemos controlar: nossas opiniões, impulsos, desejos, aversões e estado mental. Aprender a tolerar a incerteza pode trazer grandes benefícios, embora poucos nos ensinem a como lidar com isso. Muitas pessoas interpretam a incerteza como algo negativo, mas se olharmos de perto, veremos oportunidades para adquirir novos conhecimentos e perspectivas.

Na jornada da vida atravessamos momentos obscuros, e é nesse momento que a paciência se revela como uma habilidade essencial para enfrentar os desafios emocionais. Nós temos uma visão de que a solidão é algo negativo, mas pode ser uma bela oportunidade de reflexão. Quando nos encontramos em meio ao caos, imersos em uma situação de completa desordem, é nesse momento que percebemos a urgência de recorrer a nós mesmos. Diante da confusão e da incerteza que nos cercam, é fácil sentir-se desorientado e sem rumo. Contudo, é nesse instante que descobrimos a importância de nos reconectarmos conosco mesmos, de buscar dentro de nós a serenidade e a força necessárias para enfrentar os desafios que se apresentam.

É como se, diante do tumulto externo, fosse acionado um mecanismo interno de autopreservação, levando-nos a recuar para o nosso interior em busca de refúgio e estabilidade. Nesse estado de paralisia, somos confrontados com a necessidade premente de nos conhecermos verdadeiramente, de compreendermos nossas emoções, pensamentos e reações diante das adversidades. No meio do caos, percebemos que somos nosso próprio porto seguro, nosso ponto de equilíbrio em meio à tempestade.

Em um mundo que muitas vezes nos pressiona a alcançar a perfeição e a excelência em todas as áreas da vida, é fácil sucumbir à ideia de que devemos ser impecáveis em tudo o que fazemos. No entanto, essa busca incessante pela perfeição pode nos levar a um estado de constante insatisfação e autocrítica, impedindo-nos de reconhecer e valorizar nossas próprias imperfeições. Acolher a si mesmo significa abraçar todas as nossas falhas, fraquezas e limitações como partes integrantes de quem somos. Significa reconhecer que somos seres humanos imperfeitos, sujeitos a cometer erros e enfrentar desafios ao longo de nossa jornada. Em vez de tentar esconder ou negar nossas falhas, somos capazes de aceitá-las como parte natural da condição humana e aprender com elas.

Nas tempestades da vida, em que os ventos uivam furiosamente e as nuvens escuras se avolumam no horizonte, é onde somos desafiados a descobrir a força interior que reside em cada um de nós. São nesses momentos de adversidade e incerteza que somos levados ao limite, testados até o âmago de nossa essência, e é aí que encontramos a verdadeira medida de nossa resiliência e coragem. Quando nos vemos diante de desafios intransponíveis e obstáculos aparentemente insuperáveis, é fácil sucumbir ao desespero e à desesperança. No entanto, é precisamente nesses momentos que somos chamados a nos erguer, a enfrentar nossos medos mais profundos e a encontrar uma maneira de seguir em frente, mesmo quando tudo parece estar desmoronando ao nosso redor.

Muitos de nós carregamos a crença arraigada de que para sermos considerados boas pessoas, precisamos ser capazes de relevar as ações prejudiciais ou injustiças cometidas contra nós. Essa ideia profundamente enraizada nos leva a suportar situações dolorosas, abusivas ou injustas sob o pretexto de manter a paz, evitar conflitos ou simplesmente para evitar confrontações desconfortáveis. Essa mentalidade de "relevar" muitas vezes nos leva a minimizar nossos próprios sentimentos e necessidades em prol de preservar relacionamentos ou evitar confrontos. Sentimo-nos pressionados a aceitar comportamentos inadequados, desconsiderando nossos próprios limites e bem-estar emocional. Acreditamos erroneamente que ser uma pessoa "boa" significa ser passivo diante das transgressões alheias, sacrificando nossa própria integridade em nome da harmonia superficial.

Essa tendência de relevar pode se originar de várias fontes, incluindo condicionamentos sociais, normas culturais ou experiências passadas de invalidação ou punição por expressar nossos sentimentos. Ao longo da vida, aprendemos a internalizar a mensagem de que nossas necessidades não são tão importantes quanto as dos outros, e que é nosso dever sacrificar nossa própria felicidade em prol dos outros. Ao permitir que outros nos desrespeitem ou nos maltratem repetidamente, minamos nossa autoestima e autoconfiança, alimentando um ciclo de autossabotagem e autonegligência. É fundamental reconhecer que ser uma pessoa boa não significa tolerar abusos ou injustiças. Ser compassivo e generoso não deve ser confundido com ser passivo ou complacente diante do comportamento prejudicial. É importante estabelecer limites saudáveis e assertivos, comunicar nossas necessidades de forma clara e assertiva e buscar apoio quando necessário para proteger nosso bem-estar emocional.

Aprender a valorizar e respeitar a nós mesmos é essencial para cultivar relacionamentos saudáveis e satisfatórios com os outros. Devemos nos lembrar de que merecemos ser tratados com dignidade, respeito e consideração, e que não há nada de egoísta ou inadequado em colocar nossas próprias necessidades em primeiro lugar quando necessário. Ao nos empoderarmos para defender nossos próprios limites e respeitar nossos próprios sentimentos, podemos nos libertar da armadilha da complacência e construir vidas mais autênticas, significativas e gratificantes.

Há uma ironia inquietante na vida: os momentos em que presumimos ter controle total muitas vezes se transformam nos períodos mais desafiadores e descontrolados de nossas vidas. Esses são os momentos em que nos vemos confrontados com a realidade de que nem tudo está sob nosso domínio, e nossa suposta confiança é testada até o limite. Esses momentos de aparente controle total muitas vezes se revelam como uma ilusão, nos lembrando da complexidade e imprevisibilidade da vida. A chave para lidar com essas situações desafiadoras é cultivar a humildade e a flexibilidade mental para reconhecer nossas limitações e adaptar nossas abordagens conforme necessário. Devemos aprender a aceitar a incerteza e a vulnerabilidade inerentes à condição humana, encontrando equilíbrio entre confiança e humildade, e buscando apoio e orientação quando necessário. Somente assim podemos navegar com sucesso pelos altos e baixos da vida e encontrar verdadeiro crescimento e realização.

A realidade é que, por mais que nos empenhemos em planejar, antecipar e organizar, nada nos prepara completamente para o que está por vir. Por mais meticulosos que sejamos em nossos planos e preparativos, sempre haverá variáveis que fogem ao nosso controle. Essa realidade pode ser assustadora e desconfortável, especialmente para aqueles que buscam segurança e certeza em meio à incerteza do mundo. No entanto, é importante aceitar que a vida é fluida e dinâmica, e que nem sempre podemos controlar tudo o que acontece conosco. O melhor é viver um dia de cada vez com muita coragem. Persista em suas escolhas com amor e promova a sua própria felicidade sem prejudicar ou desrespeitar os outros.

Neste ponto da sua leitura, proponho um exercício introspectivo: escrever uma carta para si mesmo no futuro. Pegue um momento para refletir sobre os seus sentimentos e esperanças atuais. O que você teme hoje? Quais são as suas aspirações? Registre esses pensamentos numa carta que será um verdadeiro tesouro de autoconhecimento. Escolha uma data específica no futuro para abri-la (pode ser daqui a um ano, cinco anos ou mais). Esse exercício não apenas serve como um marco de sua jornada pessoal, mas também como um lembrete poderoso de onde você estava e até onde chegou. Ao abrir a carta no futuro, você poderá avaliar seu crescimento, mudanças em suas perspectivas e até que ponto superou seus temores. É uma forma única de dialogar com seu eu futuro e ver, na prática, como os sentimentos e expectativas evoluem com o tempo.

CAPÍTULO 27

ENFRENTANDO A JORNADA.

Rumo a novos desafios

Eu sei que é um desafio olhar para todos esses conteúdos abordados, destacar os pontos principais e conseguir organizar uma lista de prioridades ou encaixar cada demanda no seu devido local. Vamos fazer uma breve revisão de alguns aspectos importantes. O primeiro passo é você estar ciente dos seus próprios anseios para expressá-los de forma clara para, então, conseguir classificá-los em ordem hierárquica. É importante que você saiba identificar o que te incomoda, se você poderia reparar tal situação e se, de fato, você está disposto a buscar uma solução.

A resposta reside em enfrentar a própria jornada pessoal, buscando um crescimento contínuo e consciente, com determinação e concentração. Outro ponto relevante é diminuir a autocrítica e aumentar a busca por aprimoramento pessoal. Para isso, é necessário desconsiderar a complexidade do mundo e focar apenas em questões individuais. Não podemos abranger tudo e nos compararmos com todos. Focar significa direcionar a atenção para algo específico e deixar de lado o restante.

A tríade prejudicial à autocrítica engloba três elementos nocivos: arrogância, falsidade e ressentimento. A arrogância pode distorcer nossa visão de nós mesmos e dos outros, levando-nos a superestimar nossas habilidades e desconsiderar os sentimentos e perspectivas alheias. A falsidade nos impede de sermos genuínos e autênticos, levando-nos a representar papéis sociais ou a esconder nossas verdadeiras emoções e opiniões por medo de julgamento ou rejeição. O ressentimento, por sua vez, nos mantém presos ao passado, alimentando sentimentos de amargura e hostilidade em relação a situações ou pessoas que nos magoaram. Esses três elementos podem minar nossa capacidade de crescer e evoluir como indivíduos. É importante reconhecer e confrontar esses padrões de pensamento e comportamento para promover uma maior autoconsciência e autenticidade em nossas vidas.

É essencial ter consciência de sua localização atual para começar a planejar sua jornada e ter clareza sobre seu destino; é crucial para mitigar o caos em sua vida. Também é importante que você abandone as ações que você reconhece como equivocadas, execute apenas aquelas atividades das quais possa se orgulhar de mencionar e cultive um certo grau de humildade.

Outro tópico importante é que maiores sacrifícios tendem a trazer ganhos proporcionais. Isso se traduz em adiar o prazer de maneira estratégica e produtiva. Ao investirmos tempo e esforço em objetivos de longo prazo, muitas vezes sacrificando gratificações imediatas, estamos pavimentando o caminho para conquistas mais significativas e duradouras. Esse princípio de adiar o prazer nos ensina a priorizar metas e valores que realmente importam, em vez de sucumbir a impulsos momentâneos. Ao fazer escolhas que demandam sacrifício no presente, estamos investindo no nosso futuro e construindo uma base sólida para o sucesso a longo prazo. Essa abordagem requer disciplina, perseverança e visão de longo prazo, mas os benefícios resultantes costumam superar os sacrifícios iniciais. Portanto, aprender a adiar o prazer de maneira estratégica pode ser uma ferramenta poderosa para alcançar nossos objetivos mais ambiciosos e realizar nosso potencial máximo.

Muitas vezes, enfrentamos a difícil decisão de renunciar a algo valioso no presente em troca de algo melhor no futuro. Esse é um princípio fundamental que permeia diversas áreas de nossas vidas, desde finanças pessoais até objetivos de longo prazo. A ideia por trás desse conceito é que ao renunciarmos a algo de valor imediato, podemos investir nossos recursos, tempo e esforços em oportunidades que prometem recompensas mais significativas e duradouras no futuro. Essa abordagem requer muita disciplina e visão de futuro. Significa resistir à tentação de gratificação instantânea e adotar uma mentalidade orientada para o longo prazo. Por exemplo, ao economizar dinheiro em vez de gastá-lo em itens supérfluos, estamos investindo em nossa estabilidade financeira. Da mesma forma, ao dedicar tempo ao estudo e ao aprimoramento de habilidades, estamos plantando as sementes para o crescimento pessoal e profissional a longo prazo.

É importante ressaltar que esse princípio não significa simplesmente adiar a gratificação indefinidamente. Em vez disso, trata-se de fazer escolhas conscientes e deliberadas que equilibrem as necessidades e desejos imediatos com os objetivos e aspirações futuras. Deixar-se guiar apenas pelo que proporciona prazer imediato e conveniência é sucumbir aos impulsos, o que pode levar a ações prejudiciais, como mentir, trair, furtar, enganar, manipular, entre outros comportamentos desonestos.

Esse modo de vida pode nos tornar vulneráveis a tomar decisões precipitadas e prejudiciais, minando nossa integridade e afetando negativamente nossos relacionamentos e nossa própria felicidade a longo prazo. Em vez disso, é importante cultivar a capacidade de considerar o panorama completo, ponderar sobre as consequências de nossas ações e agir com responsabilidade, levando em conta não apenas nossos desejos imediatos, mas também o bem-estar de nós mesmos e dos outros ao nosso redor.

Outro aspecto muito relevante a ser considerado é sobre não mentir, principalmente não mentir para você mesmo. Viver uma vida autêntica e significativa requer uma honestidade brutal consigo mesmo. Mentir para si mesmo é como construir uma casa sobre a areia instável da ilusão e do autoengano. É fácil ceder à tentação de distorcer a verdade, de justificar nossas falhas, de ignorar nossos medos e inseguranças mais profundos. No entanto, essa autoproteção momentânea pode se tornar um labirinto do qual é difícil escapar. Quando nos enganamos, minamos nossa própria integridade e nos afastamos da realidade, o que pode levar a uma sensação de desconexão, confusão e desilusão.

A verdade é que a mentira para si mesmo é uma armadilha insidiosa que mina nossa autoconfiança e nos impede de crescer e evoluir como indivíduos. Para alcançar nosso potencial máximo, precisamos enfrentar a realidade de quem somos, com todas as nossas falhas e imperfeições, e aceitar a responsabilidade por nossas escolhas e ações. Isso significa reconhecer nossos pontos cegos, nossos medos mais profundos e nossos desejos mais autênticos, mesmo que isso seja desconfortável. Quando escolhemos a mentira como recurso, não apenas comprometemos a verdade, mas também lançamos mão de uma ferramenta que, inevitavelmente, desencadeia um turbilhão de sentimentos negativos, sendo a vergonha um deles. Mentir não é apenas uma distorção da realidade, mas um ato que mina a confiança, tanto em nós mesmos quanto nos outros. A vergonha surge quando nos damos conta de que optamos por obscurecer a verdade, comprometendo nossa integridade e nossa capacidade de nos relacionar honestamente com os outros.

Ao mentir, desencadeamos uma reação em cadeia de emoções, alimentando o ciclo vicioso da desonestidade e da falta de autenticidade. A vergonha decorrente desse comportamento reflete o conflito interno entre o que sabemos ser certo e nossas ações contraditórias. Enfrentamos a vergonha não apenas pelo ato em si, mas também pela percepção de que ferimos nossa própria moralidade e decepcionamos aqueles que confiavam em nós.

Por fim, mas não menos importante, verbalizar quando algo não vai bem é fundamental. Identificar e especificar um problema é o primeiro passo para resolvê-lo, mas muitas vezes nos deparamos com a dificuldade de reconhecê-lo em sua totalidade. Essa hesitação em admitir que um problema existe pode surgir por uma variedade de razões, desde o medo do desconhecido até o receio de lidar com as consequências de enfrentar a situação. Uma das razões para essa dificuldade é a tendência natural de minimizar ou negar problemas que nos causam desconforto. Muitas vezes, preferimos ignorar ou racionalizar as questões que enfrentamos, esperando que desapareçam por si mesmas. No entanto, essa abordagem evasiva apenas prolonga o problema e pode levar a consequências mais graves no futuro.

Além disso, admitir a existência de um problema muitas vezes significa confrontar nossas próprias falhas, vulnerabilidades e limitações.

Isso pode ser especialmente difícil para aqueles que têm dificuldade em lidar com o fracasso ou em admitir que precisam de ajuda. O orgulho e o ego podem nos impedir de reconhecer a realidade de uma situação problemática e nos manter presos em padrões de comportamento prejudiciais. Outro obstáculo para especificar um problema é a incerteza em relação às suas causas e soluções. Às vezes, a complexidade de uma situação torna difícil identificar suas raízes e determinar o melhor curso de ação. Isso pode levar à paralisia da análise, em que ficamos presos em um ciclo de indecisão e inação. No entanto, é importante reconhecer que adiar ou evitar a resolução de um problema raramente leva a uma solução satisfatória. Enquanto o problema persistir, ele continuará a afetar nossa qualidade de vida e nosso bem-estar emocional. Portanto, enfrentar a dificuldade de especificar um problema requer coragem, autoconsciência e disposição para encarar a realidade, mesmo quando é desconfortável.

Após encontrar direcionamento em meio ao caos, estamos prontos para enfrentar novos desafios com uma perspectiva renovada. Esta jornada rumo ao desconhecido não apenas testa nossa resiliência, mas também enriquece nosso crescimento pessoal. Armados com as lições aprendidas nas turbulências passadas, abraçamos as oportunidades futuras com confiança e uma disposição inabalável para superar qualquer obstáculo que venha a surgir. Este é um momento de empoderamento, em que cada passo adiante reflete nossa capacidade de transformar desordem em progresso.

CAPÍTULO 28

RELATOS INSPIRADORES.

Tudo é possível

Eu quero compartilhar quatro relatos inspiradores. Essas histórias nos mostram que enfrentar medos e fraquezas não é apenas uma questão de superação pessoal, mas também uma forma essencial de ganhar controle sobre os desafios diários que a vida nos apresenta. O processo de confronto é profundamente transformador, pois ao olharmos de frente para aquilo que nos intimida ou nos faz sentir vulneráveis, começamos a entender melhor nossos limites e nossas capacidades. Cada medo enfrentado e cada fraqueza reconhecida nos dá mais confiança e ferramentas para gerenciar situações futuras com maior habilidade e resiliência.

Clara, uma executiva de sucesso com 38 anos, sempre teve sua vida meticulosamente planejada. Mãe dedicada de dois filhos e diretora de uma empresa de tecnologia, ela equilibrava suas responsabilidades com uma habilidade que muitos admiravam. No entanto, sua vida foi abruptamente abalada quando a empresa para a qual trabalhava enfrentou uma crise financeira séria, levando-a ao desemprego inesperado. Nos primeiros dias após a notícia, Clara se sentiu completamente desorientada. O desemprego não estava em seus planos, e a incerteza financeira trouxe uma onda de ansiedade e medo que ela nunca havia experimentado. Sem controle sobre sua carreira pela primeira vez, ela se viu perdida, questionando sua identidade e seu valor.

O impacto também foi sentido em casa. Acostumada a proporcionar estabilidade e segurança para seus filhos, Clara agora lutava para manter a calma na frente deles. No entanto, foi durante uma tarde tranquila, observando seus filhos brincando no parque, que ela teve um momento de revelação. A risada despreocupada deles a fez perceber que a vida continua, apesar dos desafios e que ela precisava aceitar a imprevisibilidade como parte da sua jornada.

Clara começou a se abrir sobre suas lutas com amigos próximos e com um psicólogo, buscando apoio e perspectivas externas. Essas conversas revelaram que muitos ao seu redor também enfrentaram situações inesperadas e aprenderam a adaptar-se. Inspirada por essas histórias, Clara percebeu que aceitar a falta de controle não significava fraqueza, mas sim uma forma de resiliência. Ela decidiu usar seu tempo livre para se reconectar com seus filhos e redescobrir suas próprias paixões que haviam sido deixadas de lado pela sua carreira frenética. Clara começou a frequentar aulas de pintura e se envolveu em atividades comunitárias, em que encontrou uma nova rede de suporte e amizade.

Gradualmente, Clara transformou sua perspectiva de vida; ela aprendeu a valorizar o presente e os pequenos momentos com sua família mais do que suas conquistas profissionais. Com o tempo, ela também encontrou oportunidades de consultoria flexíveis, que lhe permitiram aplicar sua experiência enquanto mantinha um novo equilíbrio entre trabalho e vida pessoal. A jornada de Clara através dessa fase turbulenta a ensinou que, embora não possamos controlar todos os aspectos da vida, podemos controlar como respondemos e nos adaptamos. Ela se tornou uma pessoa mais presente, calma e resiliente, ensinando a seus filhos que a verdadeira força vem da capacidade de aceitar e crescer a partir das incertezas da vida.

Ricardo, aos 52 anos, era um renomado chef de cozinha e dono de um restaurante premiado em São Paulo. Divorciado e pai de um adulto jovem, ele dedicava sua vida à gastronomia, uma paixão que cultivava desde jovem. A sua jornada culinária, embora repleta de desafios, sempre foi marcada por sucesso e admiração. Tudo parecia sob controle até que um dia, sem esperar, Ricardo recebeu uma oferta para ser o chef executivo de um novo e luxuoso resort nas Maldivas. A proposta era irresistível: um salário substancialmente maior, moradia no resort, e a chance de explorar uma nova cultura culinária. Para muitos, pareceria a oportunidade dos sonhos, mas para Ricardo, trouxe uma enxurrada de dúvidas e uma sensação inesperada de descontrole. A perspectiva de deixar tudo para trás e começar de novo em um país estrangeiro, longe do filho e dos amigos, o deixou ansioso e indeciso.

Inicialmente, Ricardo tentou se convencer de que era apenas um desafio a ser superado, mas quanto mais ele planejava os próximos passos, mais se sentia perdido. A transição não apenas significava mudar de país, mas também deixar seu restaurante, o qual ele construiu do zero e era a sua vida há mais de duas décadas. Com a pressão da decisão, Ricardo começou a enfrentar insônias e uma inquietação constante. Foi durante um jantar com seu filho, Felipe, que ele expressou suas preocupações. Felipe, então, sugeriu que Ricardo levasse um tempo para realmente considerar se essa mudança se alinhava com o que ele queria para sua vida nesta fase. "Pai, às vezes, não ter controle é apenas uma parte do processo de descobrir o que realmente importa", disse Felipe.

Inspirado pelas palavras do filho, Ricardo decidiu fazer uma viagem sozinho para as Maldivas, não para trabalhar, mas para refletir. Lá, ele se permitiu viver o momento, explorando as ilhas e a cultura local sem a pressão de decisões imediatas. Essa experiência revelou uma nova perspectiva: a vida pode ser rica e gratificante, mesmo quando não se tem controle total sobre cada passo. Após retornar ao Brasil, Ricardo optou por recusar a oferta, escolhendo ficar perto do filho e manter seu restaurante. No entanto, ele iniciou uma parceria com um chef local das Maldivas para oferecer jantares temáticos no seu restaurante, trazendo um pouco daquela cultura para seus clientes. Essa jornada ensinou a Ricardo que mesmo uma oportunidade positiva pode trazer sentimentos de descontrole e que está tudo bem. Aprender a navegar pela incerteza o ajudou a entender melhor suas verdadeiras prioridades e a valorizar mais profundamente as raízes e relações que formou ao longo da vida.

Mariana, aos 43 anos, é uma advogada bem-sucedida em uma grande cidade brasileira. Sua rotina é meticulosamente organizada entre o escritório, sessões diárias na academia e o ocasional café sozinha, observando o movimento da cidade. Solteira e sem filhos, Mariana sempre valorizou sua independência, mas recentemente começou a sentir um vazio crescente. Embora profissionalmente realizada, sua vida pessoal parecia estagnada, marcada por relações superficiais e uma crescente sensação de solidão. A vida de Mariana mudou quando conheceu Tiago, um colega de trabalho, em uma conferência. Tiago era charmoso, inteligente e parecia genuinamente interessado nela. Rapidamente, eles começaram um romance que parecia preencher todos os espaços vazios na vida de Mariana. No entanto, a relação era marcada por altos e baixos, com Tiago frequentemente distante, deixando Mariana insegura e frequentemente ansiosa.

Essa instabilidade emocional começou a afetar profundamente Mariana. Ela, que sempre se considerou dona de si, começou a duvidar de suas escolhas, de sua identidade e do controle sobre sua própria vida. A advogada que enfrentava tribunais com confiança agora se sentia vulnerável e confusa, questionando até onde sua vida pessoal estava se desviando do que ela realmente desejava. Numa tarde chuvosa de domingo, depois de um fim de semana sem notícias de Tiago, Mariana sentiu-se particularmente perdida. A solidão do seu apartamento parecia ecoar sua própria insegurança. Decidida a não se deixar afundar por essa sensação, ela pegou seu casaco e saiu para caminhar, apesar do tempo ruim. Caminhar na chuva se tornou um momento de clareza; as gotas de água batendo em seu rosto a ajudaram a perceber que precisava de mudanças.

Mariana decidiu procurar ajuda profissional e começou a psicoterapia para entender melhor seus sentimentos e como suas relações afetavam sua autoimagem e seu controle sobre a vida. A psicóloga responsável abriu novas perspectivas para Mariana, ajudando-a a compreender que relações instáveis estavam minando sua autoestima e sua capacidade de tomar decisões autônomas. Inspirada por suas sessões de psicoterapia, Mariana também se esforçou para expandir seu círculo social. Ela começou a participar de eventos não apenas profissionais, mas também em áreas que sempre teve interesse, mas nunca explorou, como literatura e arte.

Essas novas conexões trouxeram novas amizades e uma rede de apoio emocional que ela não sabia que estava faltando.

Com o tempo, Mariana aprendeu a balancear melhor sua vida pessoal e profissional. Ela entendeu que não precisa ter controle sobre tudo e que as incertezas também trazem oportunidades para crescimento pessoal. Embora ainda solteira, ela se sentia mais completa, com sua identidade e seus desejos mais alinhados às suas ações. A história de Mariana mostra como a solidão e relações instáveis podem abalar profundamente nossa percepção de controle, mas também como a busca por autoconhecimento e conexões genuínas pode restaurar nossa autonomia e direção na vida.

José, aos 45 anos, levava uma vida simples com sua família em uma pequena cidade do interior. Casado com Maria há 20 anos, ele era pai de dois filhos, João e Ana. A vida de José girava em torno de seu trabalho em uma fábrica local e dos momentos que passava com sua família. Ele sempre se orgulhava de poder prover para sua casa e de estar presente nos eventos importantes de seus filhos. A vida, contudo, tinha outros planos para José. Seu filho mais novo, João, foi diagnosticado com uma doença grave aos 12 anos. Apesar dos esforços incansáveis e do tratamento intensivo, João faleceu após um ano de luta. A perda foi um golpe devastador para José e sua família, abalando profundamente as fundações de seu mundo.

Nos meses que se seguiram, José encontrou-se perdido em um mar de tristeza e incerteza. A dor parecia insuperável, e a realidade de que não tinha controle sobre os eventos mais cruciais de sua vida era uma lição dura e contínua. No entanto, foi também nesse momento de vulnerabilidade extrema que José começou a perceber a importância de focar no que estava ao seu alcance. Com o apoio de Maria, José começou a encontrar forças nos pequenos gestos e rotinas diárias. Ele se dedicou ainda mais ao trabalho e à sua filha Ana, buscando manter alguma normalidade em suas vidas. A família também começou a frequentar um grupo de apoio para pais que haviam perdido filhos, onde José aprendeu a compartilhar sua dor e a ouvir as histórias de outros. Esses encontros não apenas ajudaram a aliviar o peso de sua tristeza, mas também trouxeram novas amizades e um senso de comunidade que José nunca imaginou encontrar.

Ao longo do tempo, José aprendeu que sua vulnerabilidade não era uma fraqueza, mas uma parte intrínseca da experiência humana. Ele começou a escrever um diário, inicialmente como uma forma de conversar com João, mas com o tempo, isso se transformou em uma prática de reflexão e busca por paz interior. Apesar da dor que nunca desapareceu completamente, José conseguiu reconstruir sua vida ao redor da realidade que agora enfrentava. Ele se envolveu em atividades comunitárias, particularmente em programas voltados para a saúde infantil, usando sua experiência para ajudar outras famílias a navegar por suas próprias jornadas de luto e doença. A história de José mostra como, mesmo diante de uma perda imensurável, a vida continua a exigir participação e cuidado. Ele aprendeu que aceitar a própria vulnerabilidade e concentrar-se em ações tangíveis dentro de seu alcance poderia trazer não apenas consolo, mas também um novo propósito. José nunca deixou de sentir a falta de João, mas encontrou maneiras de honrar sua memória enquanto cuidava de si mesmo e de sua família.

Enquanto navegamos pelas complexidades das relações humanas e da convivência social, é essencial lembrar que cada pessoa que encontramos pode estar enfrentando desafios invisíveis. Ao adotar uma postura de respeito e compreensão pelas experiências internas alheias, podemos ajudar a criar uma comunidade mais solidária e menos julgadora, onde o apoio mútuo é a base para superar as adversidades. Isso significa ouvir mais e assumir menos, oferecendo espaço para que as pessoas expressem suas dificuldades quando estiverem prontas, sem pressão para que se conformem às expectativas externas. Reconhecer a existência dessas batalhas internas reforça a importância de tratarmos todos com gentileza e paciência. Pequenos gestos de consideração e palavras de incentivo podem ter um impacto significativo na vida de alguém que está lutando silenciosamente. Afinal, cada um de nós pode contribuir para aliviar o peso que outra pessoa pode estar carregando, mesmo que não saibamos exatamente o que é.

CAPÍTULO 29

DESTRINCHANDO O CAOS.

Perguntas e respostas

Nesta seção de Perguntas e Respostas você encontrará respostas rápidas e claras às dúvidas mais comuns sobre os conceitos discutidos neste livro. Use esse recurso como um guia rápido para revisão de alguns pontos abordados.

Pergunta 1. Qual é a diferença entre ser proativo e ser controlador?

A diferença entre ser proativo e ser controlador reside principalmente nas intenções, nas atitudes e no impacto dessas abordagens sobre os outros e sobre si mesmo. Vamos explorar as características principais de cada uma.

Ser proativo

1. **Iniciativa:** Ser proativo envolve tomar a iniciativa de antecipar problemas e agir preventivamente para solucionar ou mitigar esses obstáculos antes que eles ocorram. É uma atitude positiva de preparação e prevenção.
2. **Foco em soluções:** A proatividade é guiada por uma mentalidade focada em soluções e melhorias. A pessoa proativa busca maneiras de melhorar a situação atual de maneira construtiva e colaborativa.

3. **Flexibilidade:** Uma pessoa proativa é flexível e aberta a sugestões e avaliações. Ela entende que as situações podem mudar e está disposta a ajustar seus planos conforme necessário para alcançar os melhores resultados.
4. **Empoderamento:** Proatividade frequentemente envolve capacitar outros, encorajando a autonomia e a responsabilidade pessoal. Ela promove um ambiente de trabalho ou pessoal onde todos se sentem habilitados a contribuir e fazer diferença.

Ser controlador

1. **Necessidade de controle:** Ser controlador está frequentemente ligado a uma necessidade de dominar ou gerir todos os aspectos de uma situação, muitas vezes sem considerar adequadamente as contribuições ou os sentimentos dos outros.
2. **Foco no poder:** O comportamento controlador pode ser motivado por um desejo de manter o controle e o poder sobre os outros, frequentemente envolvendo microgerenciamento ou imposição de regras e procedimentos rígidos.
3. **Resistência a mudanças:** Pessoas controladoras podem resistir a mudanças que ameaçam seu senso de controle. Elas podem ser inflexíveis e relutantes em adaptar-se às novas informações ou às circunstâncias alteradas.
4. **Impacto negativo nos relacionamentos:** O comportamento controlador pode levar a conflitos e ressentimentos, pois outros podem sentir-se reprimidos, desvalorizados ou incapazes de exercer sua própria autonomia e criatividade.

Enquanto a proatividade é uma abordagem positiva e orientada para o futuro, que visa a preparação e a melhoria contínua, o comportamento controlador é muitas vezes reativo e baseado no medo de perder o controle, o que pode levar a um ambiente restritivo e tenso. Ser proativo é sobre fazer escolhas baseadas em valores e objetivos compartilhados, enquanto ser controlador pode ser mais sobre impor a própria vontade aos outros, muitas vezes à custa da harmonia e da cooperação.

Pergunta 2. Como identificar e modificar padrões de pensamento que contribuem para o descontrole emocional?

O primeiro passo para gerenciar momentos de descontrole emocional é notar os pensamentos automáticos que surgem. Esses pensamentos aparecem rapidamente, sem que você os convoque, e podem ser distorcidos ou negativos. Uma estratégia eficaz para lidar com isso é manter um diário de pensamentos. Anote esses pensamentos conforme eles ocorrem.

Uma vez que você identificou esses pensamentos automáticos, é hora de olhar para eles com um olhar crítico. Muitos desses pensamentos podem ser baseados em distorções cognitivas, como:

- **Catastrofização:** Imaginar o pior cenário possível;
- **Leitura mental:** Presumir que você sabe o que os outros estão pensando;
- **Generalização excessiva:** Extrair conclusões gerais de um evento isolado;

- **Pensamento dicotômico:** Ver tudo em termos de preto ou branco, sucesso ou fracasso, tudo ou nada.

Posteriormente você deverá questionar esses pensamentos. Avalie sua veracidade e procure evidências que os contradigam ou confirmem. Por exemplo, se você se pega pensando "nunca vou ser bom o suficiente", pergunte-se:

- "Existem momentos em que fui bem-sucedido?"
- "O que as evidências reais dizem sobre minhas habilidades e competências?"

Depois de desafiar esses pensamentos, o objetivo é reformulá-los de uma forma mais equilibrada e realista. Por exemplo, transforme o pensamento "eu sempre falho" em "às vezes eu falho, mas em outras ocasiões eu tenho sucesso. Posso aprender com meus erros e continuar a melhorar".

Pergunta 3. Quais são os sinais de que estou me criticando excessivamente e como posso ser mais gentil comigo mesmo?

Primeiro identifique os sinais de autocrítica excessiva:

1. **Diálogo interno negativo constante:** Você se flagra frequentemente se criticando ou minimizando suas conquistas?
2. **Perfeccionismo:** Você se sente incapaz de aceitar qualquer erro ou imperfeição em suas ações?

3. **Baixa autoestima:** Sua autocrítica faz com que você duvide de suas habilidades e valor como pessoa?
4. **Procrastinação:** A pressão de ser perfeito impede que você inicie ou complete tarefas?
5. **Desconforto com elogios:** Você tem dificuldade de aceitar elogios, sentindo que não os merece?

Após refletir sobre os questionamentos acima confira algumas estratégias para ser mais gentil consigo mesmo:

1. **Mude o diálogo interno:** Conscientemente substitua críticas por afirmações positivas ou neutras. Por exemplo, em vez de dizer: "Eu sou incompetente", experimente falar: "Estou aprendendo e melhorando a cada dia";
2. **Pratique a autocompaixão:** Lembre-se de que errar é parte da condição humana. Permita-se sentir empatia por si mesmo, como faria com um amigo em dificuldade;
3. **Celebre pequenas vitórias:** Faça um esforço para reconhecer e comemorar seus sucessos, por menores que sejam. Isso pode ajudar a construir uma visão mais positiva de suas habilidades;
4. **Estabeleça metas realistas:** Evite definir expectativas irrealistas para si mesmo. Metas alcançáveis podem reduzir a pressão e aumentar a satisfação com seus próprios esforços;
5. **Cultive a gratidão:** Mantenha um diário de gratidão, anotando coisas pelas quais você é grato todos os dias. Isso pode

ajudar a mudar o foco daquilo que falta para o que já está presente em sua vida.

Lembre-se, a jornada para superar a autocrítica excessiva é gradual e requer paciência e persistência. Se sentir que a autocrítica está afetando significativamente sua qualidade de vida, pode ser válido buscar o apoio de um psicoterapeuta, que poderá oferecer ferramentas e estratégias adicionais adaptadas às suas necessidades específicas.

Pergunta 4. Como posso usar as experiências de descontrole para encontrar um propósito maior em minha vida?

As situações de descontrole podem ser particularmente marcantes, pois desafiam a pessoa a buscar sentido em circunstâncias que, à primeira vista, parecem desprovidas de qualquer significado. Eu listei seis tópicos sobre como identificar um propósito significativo na vida, mesmo sob condições adversas ou em momentos de grande sofrimento.

1. **Encontrar sentido no sofrimento:** O sofrimento desprovido de sentido é o que realmente nos destrói, não o sofrimento em si. Quando enfrentamos momentos de descontrole devemos buscar ativamente um significado nessas experiências. Isso pode incluir aprender algo novo sobre si mesmo, alterar uma perspectiva de vida, ou encontrar força e resiliência que você não sabia que possuía;
2. **Responsabilidade de resposta:** Embora não possamos controlar todas as circunstâncias da nossa vida, sempre podemos

escolher como responder a elas. Em momentos de descontrole, pergunte-se: Como posso responder a essa situação de uma maneira que seja consistente com o tipo de pessoa que eu quero ser? Que ações posso tomar que reflitam meus valores fundamentais?;

3. **Autotranscendência:** A verdadeira realização é encontrada não ao nos concentrarmos em nós mesmos, mas ao nos transcendermos – seja através do serviço aos outros, da dedicação a uma causa ou na imersão em atividades que nos conectam a algo maior do que nós mesmos. Considerar como suas experiências de descontrole podem capacitar você a ajudar os outros pode revelar novas e significativas direções para sua vida;
4. **Futuro orientado:** A esperança e a orientação para o futuro são fundamentais. Mesmo em meio ao caos, é vital manter uma visão do futuro que inclua objetivos e possibilidades positivas. Definir intenções e objetivos que são alinhados ao seu senso de propósito maior pode ajudar a reorientar sua vida após períodos de turbulência;
5. **Diálogo e reflexão:** Através de conversas reflexivas ou psicoterapia você pode explorar profundamente as razões de suas ações e experiências. Isso pode levar a uma maior compreensão de seus motivos subjacentes e dos princípios que deseja seguir;
6. **Atitude desafiadora:** Significa escolher uma postura de desafio e resiliência face ao incontrolável. Isso pode ser extremamente empoderador e transformador, ajudando a encontrar propósito e significado até mesmo nas circunstâncias mais difíceis.

Manter uma perspectiva de futuro e adotar uma atitude de resiliência nos permite não apenas sobreviver, mas também prosperar, moldando uma vida repleta de propósito e integridade.

Pergunta 5. Como posso aprender a não me abalar com o julgamento dos outros?

Ao refletir sobre como lidar com o julgamento alheio, é essencial reconhecer uma realidade fundamental: seremos sempre julgados de alguma forma, independentemente de nossas ações ou intenções. Essa é uma parte inerente da condição humana, pois as pessoas constantemente avaliam umas às outras com base em suas próprias perspectivas, experiências e valores.

Aceitar que o julgamento é uma constante pode ser libertador. Ao invés de tentar evitar ou controlar a opinião dos outros – o que frequentemente é impossível – você pode focar em desenvolver sua própria resiliência e autoconfiança. Isso significa trabalhar para fortalecer sua autoestima de modo que as opiniões alheias tenham menos impacto sobre como você se vê.

Uma abordagem útil é cultivar uma compreensão mais profunda de si mesmo e dos seus próprios valores. Quando você está ciente sobre quem você é e o que valoriza, torna-se mais fácil aceitar o julgamento dos outros sem que isso perturbe seu senso de identidade ou autoestima. Você pode começar a ver o julgamento apenas como uma perspectiva externa, não como uma definição de quem você realmente é. Pergunte-se: "Por que a opinião dessa pessoa é tão significativa para mim?" e "Como isso reflete minhas próprias inseguranças ou objetivos de vida?".

Também é importante aprender a diferenciar críticas construtivas das destrutivas. As construtivas podem ser usadas para promover o crescimento pessoal e a melhoria, enquanto as destrutivas muitas vezes refletem mais sobre quem as profere do que sobre você. Desenvolver a habilidade de não internalizar críticas negativas é crucial para manter sua saúde mental e emocional. Por fim, lembre-se de que você não está sozinho. Todos enfrentamos julgamentos em algum momento.

REFERÊNCIAS

ACHOR, S. *Por trás da felicidade*: aprenda a enxergar uma realidade positiva e seja mais feliz e bem-sucedido. São Paulo: Benvirá, 2020.

BASTIANELLO, M. R.; HUTZ, C. S. Do otimismo explicativo ao disposicional: a perspectiva da psicologia positiva. *Psico-USF*, v.20, n.2, p. 237-247, 2015.

BASTIANELLO, M. R.; PACICO, J. C.; HUTZ, C. S. Optimism, self-esteem and personality: adaptation and validation of the brazilian version of the revised life orientation test (LOT- R). *Psico-USF*, v.19, n.3, p. 523-531, 2014.

BASTIANELLO, M. R.; PACICO, J. C. Otimismo. In: HUTZ, C. S. (Org.). *Avaliação em psicologia positiva*. Porto Alegre: Artmed, 2014.

BOELTZIG, M.; JOHANSSON, M.; BRAMÃO, I. Ingroup sources enhance associative inference. *Communications Psychology*, v.1, n.40, 2023.

BRADY, W. J.; JACKSON, J. C.; LINDSTRÖM, B.; CROCKETT, M. J. Algorithm-mediated social learning in online social networks. *Trends in Cognitive Sciences*, v.27, n.10, p. 947-960, 2023.

CSIKSZENTMIHALYI, M. *Flow*: a psicologia do alto desempenho e da felicidade. 1. ed. Rio de Janeiro: Objetiva, 2020.

DIAMOND, A. Executive functions. *Annual Review of Psychology*, v.64, p. 135-168, 2013.

DIAS, N. M.; SEABRA, A. G. Funções executivas: desenvolvimento e intervenção. *Temas sobre Desenvolvimento*, v.19, n.107, p. 206-212, 2013.

DUCKWORTH, A. *Garra*: o poder da força e da perseverança. 1. ed. Rio de Janeiro: Intrínseca, 2016.

FRANKL, V. E. *Em busca de sentido*. 60. ed. Rio de Janeiro: Editora Vozes, 2024.

GOLEMAN, D. *Inteligência emocional*. Rio de Janeiro: Objetiva, 2011.

HORSEVAD, N.; MATEO, D.; KOOIJ, R. E.; BARRAT, A.; BOUFFANAIS, R. Transition from simple to complex contagion in collective decision-making. *Nature Communications*, v.13, n.1442, 2022.

KOLK, B. van der. *O corpo guarda marcas*: cérebro, mente e corpo na cura do trauma. Rio de Janeiro: Sextante, 2020.

KÜBLER-ROSS, E. *Sobre a morte e o morrer*. 10. ed. São Paulo: Martins Fontes, 2017.

LEZAK, M. D.; HOWIESON, D. B.; BIGLER, E. D.; TRANEL, D. *Neuropsychological Assessment*. 5 ed. New York: Oxford University Press, 2012.

LI, Z.; LU, H.; LIU, D.; YU, A. N. C.; GENDRON, M. Emotional event perception is related to lexical complexity and emotion knowledge. *Communications Psychology*, v.1, n.45, 2023.

LOTT, L.; MENDENHALL, B. *Autoconsciência, aceitação e o princípio do encorajamento*: pensar, sentir e agir como uma nova pessoa em apenas 8 semanas. 1. ed. São Paulo: Manole, 2019.

LYUBOMIRSKY, S. *Os mitos da felicidade*: o que deveria fazer você feliz, mas não faz; o que não deveria fazer você feliz, mas faz. 1. ed. Rio de Janeiro: Odisseia, 2013.

MARTINS, G. L. L.; LEÓN, C. B. R.; SEABRA, A. G. Estilos parentais e desenvolvimento das funções executivas: estudo com crianças de 3 a 6 anos. *Psico*, v.47, n.3, p. 216-227, 2016.

MARTINS, G. L. L. *Funções executivas em crianças*: relação com características cognitivas, parentais e ambientais e predição de desempenho acadêmico. 2017. 164 f. Tese (Doutorado em Distúrbios do Desenvolvimento) – Programa de Pós-Graduação em Distúrbios do Desenvolvimento, Universidade Presbiteriana Mackenzie, São Paulo. 2017.

MASSE, N. Y.; YANG, G. R.; SONG, H. F.; WANG, X.; FREEDMAN, D. J. Circuit mechanisms for the maintenance and manipulation of information in working memory. *Nature Neuroscience*, v.22, p. 1159–1167, 2019.

McKEOWN, G. *Essencialismo*: a disciplinada busca por menos. Rio de Janeiro: Sextante, 2015.

MIYAKE, A.; FRIEDMAN, N. P.; EMERSON, M. J.; WITZKI, A. H.; HOWERTER, A. The unity and diversity of executive functions and their contributions to complex "frontal lobe" tasks: a latent variable analysis. *Cognitive Psychology*, v.41, p. 49-100, 2000.

MIYAKE, A.; FRIEDMAN, N. P. The nature and organization of individual differences in executive functions four general conclusions. *Current Directions in Psychological Science*, v.21, n.1, p. 8-14, 2012.

NIEMIEC, R. M. *Intervenções com forças de caráter*: um guia de campo para praticantes. 2. ed. São Paulo: Hogrefe, 2019.

PETERSON, J. B. *12 regras para a vida*: um antídoto para o caos. Rio de Janeiro: Alta Books, 2018.

SELIGMAN, M. E. P. *Felicidade autêntica*: use a psicologia positiva para alcançar todo seu potencial. 2. ed. Rio de Janeiro: Objetiva, 2019.

SELIGMAN, M. E. P. *Florescer*: uma nova compreensão sobre a natureza da felicidade e do bem-estar. Rio de Janeiro: Objetiva, 2012.

SELIGMAN, M. E. P. *Aprenda a ser otimista*: como mudar sua mente e sua vida. Rio de Janeiro: Objetiva, 2019.

SPEER, M. E.; IBRAHIM, S.; SCHILLER, D.; DELGADO, M. R. Finding positive meaning in memories of negative events adaptively updates memory. *Nature Communications,* v.12, n.6601, 2021.

SKINNER, B. F. *Questões recentes na análise comportamental.* Campinas: Papirus Editora, 1991.

SPRIGINGS, S.; BROWN, C. J. V.; BRINKE, L. T. Deception is associated with reduced social connection. *Communications Psychology*, v.1, n.19, 2023.